化解教师成长困境

给教师的100条建议

鲁鹏程——著

湖南人民出版社·长沙

图书在版编目（CIP）数据

化解教师成长困境：给教师的100条建议 / 鲁鹏程著. -- 长沙：湖
南人民出版社，2025. 7. -- ISBN 978-7-5561-3598-1

Ⅰ. G451.2

中国国家版本馆CIP数据核字第2025ZK6862号

HUAJIE JIAOSHI CHENGZHANG KUNJING：GEI JIAOSHI DE 100 TIAO JIANYI

化解教师成长困境：给教师的100条建议

著　　者　鲁鹏程

出 版 人　张勤繁
统　　筹　黎晓慧
责任编辑　姚忠林
装帧设计　刘　哲
责任印制　虢　剑
责任校对　夏丽芬

出版发行　湖南人民出版社［http://www.hnppp.com］
地　　址　长沙市营盘东路3号
邮　　编　410005
经　　销　湖南省新华书店

印　　刷　长沙新湘诚印刷有限公司
版　　次　2025年7月第1版
印　　次　2025年7月第1次印刷
开　　本　710 mm × 1000 mm　　1/16
印　　张　13.75
字　　数　207千字
书　　号　ISBN 978-7-5561-3598-1
定　　价　58.00元

营销电话：0731-82221529　　　（如发现印装质量问题请与出版社调换）

前言

教师是人类灵魂的工程师，是辛勤的园丁，正在从事天底下最光辉的事业，为家、国、社会培养着有用之才。做教师，就要做优秀教师，就要做明师，即做明明白白的教师、贤明的教师、有智慧的教师、有深邃思想的教师。要把教师这份职业当成一生的事业，对其有无限的热爱，让自己桃李满天下。但教师这份职业又极具挑战性，并不那么容易做好，这就需要教师对自己的职业成长有高标准、严要求，让自己好好学习，时时进步，天天向上。所谓"严师出高徒"，严，更多的是指教师对自己严，严格要求自己，处处给学生亲身示范，让学生心服口服，如此才能有高徒自发地学习成长起来。

为人师者，最重要的一件事就是教书育人，也就是要做教育。可是，到底什么是"教育"？从教育学的角度对"教育"二字的定义我们已经很熟悉了，在这里，我想换一种角度去解读"教育"。东汉经学家、文字学家、语言学家许慎所著的《说文解字》这样解释"教育"："教，上所施下所效也；育，养子使作善也。"短短两句话，就把教育的核心点了出来。教育，就是教育者以身作则、率先垂范，给受教育者做个好榜样，让他们接受好的熏陶，去模仿。教育者要作善，时刻把善心、善行"演"给受教育者看，受教育者就会学着教育者的样子去作善；教育者爱读书、学习，受教育者就会学着样子去读书、学习。

所以，想让学生成为怎样的人，教师自己首先就要去努力成为那样的人，不要试图说一套做一套：只让学生努力学习，教师自己却逍遥懒散、不思进取；只让学生去做个好人，教师自己却人前做好人、背地作恶……如此，学生不但对教师不会有任何信服感，还会对其嗤之以鼻，因为学生的眼睛是雪亮的。怎么办？教师从现在开始，跟学生一起成长，而且还要比学生成长得更快，要走正路，走在学生前面。教师在前面带路，学生自然会跟着，自动自发，而且没有任何怨言，因为他看到了最好的榜样，向榜样学习是一种天性。

《说文解字》还特别提到了"使作善也"。也就是说，要让学生有一颗善良的心，要培养他去做一个善人，当他有善心善行时，自然会感召很多善良的朋友，他的人生一定会处处遇到提携他的贵人，人生哪会不幸福？学生幸福了，为人师者不就欣慰心安了吗？

中国文字是有智慧的，"教"这个字同样蕴含着极大的智慧。"教"是左右结构，拆解开来，左边是"孝"，右边是"文"，一左一右，把教育的次第，也就是教育的先后顺序非常清楚地表现了出来。教育的次第是什么？就是先教学生学"孝"，再教他学"文"。现在呢？好像只教"文"，不教"孝"，能不出问题吗？想想看，如果辛辛苦苦地把孩子培养成了博士，但他对父母没有半点孝心，对教师没有半点尊敬，那这样的教育能算成功吗？如果他不好好工作，做一些违法乱纪的事断送自己的前程，教师脸上还会有光彩吗？可见，没有"孝"作为"文"的支撑，学生也很难真正成人、成才。

教育是一门大学问，需要教师去判断，需要教师去思考：什么是教育的首要任务，什么是次要任务？教育的先后顺序一定要弄明白。当然，孝很重要，文同样也很重要，不能顾此失彼。在孝的基础上，也要教学生学好文化。教育不单单表现于成绩，也关乎学生的未来，更是对学生一生的责任，所以教师要着眼于学生一辈子的教育，这种教育要回到对每一个生命的尊重上来。

教师一定对"学为人师，行为世范"这句话特别熟悉，而且也知道要做到"师"和"范"，即让自己"学高为师，身正为范"。怎样才能达到这种修为呢？《易经·乾卦》给出了答案——进德修业，与时偕行！这也是"进修"二字的由来。进的是什么？是德！修的是什么？是业！进德在先，修业在后；进德为主，修业为辅；进德为本，修业为末！不要主次颠倒，不要本末倒置。百年大计，教育为本；教育大计，教师为本；教师大计，师德为本。德不好，业再好也没有根，是空中楼阁。一定要提升修为，真正去"进德修业，与时偕行"。如此，才能成为德业双修、德业俱佳的卓越教师。

具体来说，教师应该怎样做呢？这本《化解教师成长困境：给教师的100条建议》从人生规划、家庭关系、修身养性、学习成长、职业素养、师生关系、课堂教学、家校合作等8个方面，全面总结、提炼、阐述了帮助教师成长的100条建议。作者基于对中华传统文化的深入学习、理解、实践与传承，创造性地把中华传统教育思想理念和方法融入现代教师教育实践之中。所以，本书集方向性、高度性、智慧性、科学性、创新性、前瞻性、可读性、普及性、实用性等于一体，是广大教师进德修业，即自我修身成长、提升学养和教学水平的参考书。衷心希望本书的出版能为中国教师的成长助一臂之力。祝福中国教育，祝福中国教师！

由于作者水平有限，书中定有诸多不足、不妥、缺憾，甚至是错漏之处，冀望高明不吝批评指正，诚挚感谢！

目录

第一章
人生规划——有规划的人生才不盲目

一个人的人生之路若想走好，必得有好规划，这样人生才不盲目。身为教师，这样的规划自然也是必不可少的。为自己做一个长远的发展计划，对自己的未来有一个整体的考量，并付诸行动，这才不会得过且过，才能不断为自我蓄积能量，并更好地为人师表。

第二章

家庭关系——教师职业幸福的根本源泉

修身、齐家、治国、平天下，这是《大学》中提及的君子成长之道。修身，意在提升自己的综合素养，而齐家则要求保证家庭关系和谐，显然只有先顾好了自己和自己的家庭，才有可能做接下来治国、平天下的事情。教师这个职业，也要遵循这样的道理。

第三章

修身养性——为人师者，正人必先正己

教师是一个神奇的职业：用言行举止来传递知识，用语言道理来传播思想，用德行修养来建立影响。所以，教师的一生有一个永远都不能放弃的必修课，那就是要修身养性，通过不断自我反省体察，以达到身心完美的境界。为人师者，正人必先正己。

第四章

学习成长——教师永远的一堂必修课

教师对学生的教育是在掏取自己知识储备的基础上进行的，储备越丰富，教育也就越得心应手、胸有成竹且应对自如。但显然这种储备不是一次性就能实现的，所以教师若想要在教育的路上走得更远，便需要不断学习成长，丰富储备，这是教师一生的必修课。

第五章

职业素养——为家国育才的坚实基础

良好的职业素养是做好工作的重要基础与前提，教师的职业素养更是如此。教师的职业素养要求教师不仅要做到专业，更要做到敬业与有德行。教师有良好的职业素养，才能担负起国家和社会赋予的教化学生的神圣使命，才能传道、授业、解惑，为家国培育英才。

第六章
师生关系——好的关系胜过很多教育

良好教育的开展需要教师有精湛的专业技能，也需要学生有强烈的受教渴求，教育是发生在师生之间的行为。显然，若要建立良好的教育，只是教师和学生各自单独努力是不够的，教师必须要与学生建立良好的师生关系，因为好的关系可以胜过很多教育。

第七章

课堂教学——教师要掌握的一门艺术

课堂是教师的主要阵地,教学是教师工作的主要职责。在课堂上表现得妙语连珠,能调动起学生的兴趣与听课欲望,并且对各种问题都能处理得游刃有余,这应该是每位教师的追求。对教师而言,有效的课堂教学是一门艺术,高超的教学技能也是必备的基本功。

第八章

家校合作——教育需要亲师通力合作

对学生的教育不只是教师的任务，也是学生家长的责任。若想要好好教育学生，只靠学校教师单方面的努力是不够的，家庭才是每个孩子的第一课堂，也是永久的课堂。只有学校教育与家庭教育相结合，教师与家长相互配合，才能把学生培养成才。

第一章

人生规划——有规划的
人生才不盲目

　　一个人的人生之路若想走好，必得有好规划，这样人生才不盲目。身为教师，这样的规划自然也是必不可少的。为自己做一个长远的发展计划，对自己的未来有一个整体的考量，并付诸行动，这才不会得过且过，才能不断为自我蓄积能量，并更好地为人师表。

1. 把教育当成一生的事业，而非仅是职业

在这个世界上，绝大多数人都需要靠一份工作来维持正常的生活，没有人可以不劳而获，用自己的汗水去换取钱财以及更多其他所需要的物品，是每个人能生存甚至生活得更好的基本法则。

但是，所有人都会因为有一份工作而感到充实快乐吗？答案当然是否定的。有人将工作只看成一份职业，不得不做，即便不喜欢也要做，否则会没饭吃、没钱用；有的人就算喜欢，长久工作下来也会觉得疲倦厌烦，可一想到要靠它挣钱，靠它改善生活，就同样不得不做。说得难听一点，这样的人是在混生活，不可能快乐。

而有的人，则将职业看成自己一生的事业，他们会用心思考自己想要达到怎样的目标，设想自己希望得到怎样的发展，然后再认真规划，为自己的未来设计一幅可行的蓝图，再努力做好规划中的每一步。这样的人有思考、有规划，而有思考和规划的人生才是有价值的，所以他不会为事业所累，不会为工作中出现问题而心生烦恼，他会看到更多的希望，会想要看到自己的努力将能获得怎样的成果。显然，

当职业变成事业，人生也就变得精彩多了——充满挑战，充满惊喜，充满成就感与满足感。

那么，若想成为一名教师，前面的这两种心态，哪种更好一些呢？答案显而易见。教师的使命就是教书育人，显然这并不是一种阶段性的工作，而是一份可以持续一生的事业。毕竟，每个人的一生都是一个成长的过程，而这个过程的每一个阶段都离不开教师的教导。

教师是一份神圣的职业，古训中便讲，"一日为师，终身为父"。古人对"天地君亲师"有着无上的敬畏，"师"与"天地君亲"一同受到人们的尊敬。这样高尚的事业，怎么可能容许人用得过且过、只为赚钱的心理去亵渎？

的确，教师是一份辛苦的职业，因为要管理众多的孩子，但凡有点职业修养的教师，都知道不能误人子弟，这份战战兢兢之心能让他对"教育"这两个字产生无限的敬畏，不敢怠慢。晚清重臣曾国藩曾说："圣贤成大事者，皆从战战兢兢之心来。"而教师也应该有这样的心。接下来，还要有教书育人的真正资本，要有能真正有益于学生发展的教育理念与方法。可见，一名教师要付出很多，才可能成为一名好的教育者。

也正因为如此，在很多人看来，教师是一份如履薄冰般谨慎的职业。

有的教师片面地认为，做教师压力大，费力多，最终却不一定讨得好处，因为总会有学生和家长挑出教师的问题，总会有更多的理由来指责教师出现的各种或大或小的问题。

事实上，有这样想法的教师还没有全身心地投入到教师这个事业中去，而是只将其当成了一份可以糊口的职业。因为在灵魂的深处对其没有更多的寄托，所以付出也就少。而面对种种烦恼，有的教师还会有退缩心理，这种消极的心态，势必也会导致对教师这份职业的进取心不足。

不过，如果将教育看成终身的事业，那么这些烦恼也许就能变成挑战，不断挑战自我，不断挑战难题，这样的生活与工作经历将会令人兴奋，也能给人生带来激情。而且，尽心尽力教书育人，哪怕不求桃李满天下，但求对孩子们的人生有所助益，教他们拥有理智的人生观，走对人生的路，从而让他们的人生变得更好，这也应该是教师所能得到的最大回报了吧!

世界上最古老的教育学专著《学记》上记载: "三王之祭川也,皆先河而后海,或源也,或委也,此之谓务本。" 意思是,尧、舜、禹这三代帝王在祭祀河川时,都是先祭祀黄河,后祭祀大海,因为河流是大海的源头,大海是由河流汇聚而成的。祭川,就是对根本的重视。而教育就是治国安邦、化民成俗的根本。《学记》在开篇也特别提及, "建国君民,教学为先"。可见,教育对整个国家、整个社会的重要性。作为一名人民教师,难道不应该对自己的责任与使命更为看重一些吗?

既然选择做教师,就要做个样子出来,祛除内心的浮躁,将自己一点一点地投入到知识与智慧的海洋之中,梳理、规整。先自己提升修为,再去影响学生,做一位踏踏实实的教育者,做一个无愧于心的好人。如果将教师这份职业当成终身追求的事业,每位教师都将获得更多精神上的富足,也将拥有幸福的人生。

2. 要早做好自己的人生规划

思考是自然界赋予人类的一项神奇的本能,但并不是所有人都会将这项本能完好地开发出来。有的人喜欢思考,习惯于将所有事在头脑中转一圈,然后得出正确的结论;但很多人却懒于思考,习惯于事到临头再琢磨,出了问题也只是临时抱佛脚;还有人更愿意服从于他人,只要有人帮自己考虑,那他宁愿什么都不想,也就是没有主见。

教师的职业神圣性决定了每位教师不可能让自己被 "赶鸭子上架",不可能 "临时抱佛脚",否则误人子弟这样的罪过可是无论如何都无法承担的。因此,为人师者,必然要尽早做好自己的人生规划,要早为自己未来的职业、生活好好打算,这样才可能有更好的沉淀,也才会有更明确的努力方向,不容易迷茫,不会轻易被外界影响。

应该怎样做出一个合理的规划呢？很多年轻的教师可能最开始都是一腔热血的，也都是抱着美好憧憬的，但是很快就会发现问题多多，随之便陷入焦头烂额的状态。其实，越早做好安排，才能未雨绸缪。人生要有一个大致的目标方向，这样才更容易付出努力，也能更快速地看到成效。

教师要做的规划，应该从这份工作的特点出发，为自己的未来做更多的设想与安排，并付出应有的努力，这样才能不虚度光阴。所以，不妨试试这样的一个流程：

首先，树立雄心壮志。年轻教师刚入职的时候，绝大多数人应该都想过做一个好教师，其实这时不妨再想得更远一些，"做一位教育大师""做一个教育家"。虽然最终不会所有人都成为教育大师、教育家，但是有这样一个大目标在前，努力总归是有方向的。而且，目标高了，要付出的自然就更多了，这无疑是一个巨大的推动力。

有人可能会怀疑，太高的目标岂不是在给自己画大饼，自欺欺人吗？话可不能这样说。成年人理应对自己的任何一种想法负责，也应该对自己的努力负责。虽然不一定要挂在嘴上，但这样的雄心壮志还是要立一立的。所以，教师不妨把"做一个教育家"当成自己的终极目标，试一试，能走多远就走多远，这岂不是能令人生充满挑战性？正所谓，"取法乎上，仅得其中；取法乎中，仅得其下；取法乎下，一无所得"。所以，目标要定得高一些，志向要树立得远大一些。

有了雄心壮志，其次就要好好打基础，每个阶段自己可以做什么，可以实现怎样的进步，能够达到怎样的程度，这些都可以好好规划一下。进行这些规划，最忌讳的是浮躁，不要妄想一步登天，打好基础才是最重要的。趁着年轻，多积累沉淀一些，对自己的未来总是有好处的。

再次，便是继续坚持、不断深化的阶段。人都说，知识学不完，活到老学到老，关于教育的内容也是如此。随着年纪的增长，很多教师可能会慢慢停下奋斗的脚步，这其实是很不合适的，阅历、经验此时正是促进学习的更好的敲门砖，不妨再深入研究一下，不妨再多学习一些。有人会觉得这时候正是家庭事业同步前进的时候，所以会更辛苦。可是谁人生活不艰辛？总不能因为苦便废弃了前期的积淀，那样岂不是太过可惜？

之后，经过历练，很多教师已经成为骨干或者某一学科的带头人，这时也不能就此打住，虽然看似再上升的空间不那么大了，可实际上这不过是厚积薄发的过程罢了。此时应该做的是多补补课，特别在研究水平上多补一补，以使自己的研究能力和教育素养有所提升。

最后，随着年岁的增长，逐渐积累了更多的经验，有了更深的内涵，也就到了需要对自己的经验由表及里、由此及彼地进行"去粗取精""去伪存真"的时候了。经过这样的筛选，一定会出现更多系统的、更有价值的教育成果。

如此的规划，难道不令人心动吗？心动不如行动。今天的生活是昨天的付出创造的，明天的成就也是今天的努力创造的。为了事业，为了梦想，为了孩子们，更为自己和亲爱的家人，行动起来吧！

3. 努力开发自己的职业潜能

人的一生要做什么事情、要怎样做，都需要提早规划，而一旦选择了自己要从事的职业，就要用心去对待，努力开发自己的职业潜能，真正付出心血，取得职业成就，这样才不辜负自己的时间甚至是人生。

教师这份职业到底是个怎样的职业？这恐怕是所有选择这个职业的人都想要深入了解的内容。因为只有了解了这些内容，才可能发现自己在这份职业中到底具备哪些优势，才能意识到自己可以为这份职业做出怎样的努力，并发掘出自己在教师这个职业中的潜能。

17 世纪捷克教育家夸美纽斯说："教育是太阳底下最光辉的事业。"俄国化学家门捷列夫也曾经说过："教育是人类最崇高、最神圣的事业。"要说三百六十行，唯独将教育摆在如此神圣的地位，并不是偶然的，因为教育是塑造人的职业，这是教育所特有的职责。

汉代韩婴所著的《韩诗外传》则提到，"智如泉涌，行可以为表仪者，人之师也"，这就是人之师所应具备的条件。智如泉涌，是要求教师必须有智慧，否则自己尚且如白丁，又怎么能给学生们讲经说道、传播思想呢？行可以为表仪，是指其思想行为是可以为人榜样的，只有有德行的人才能成为好教师，而从这两点出发，便可以明了教师这个职业潜能的开发方向了。

一种表现，便是要增加自己的基础知识储备。作为教师，我们一定要广泛学习，树立起身为教师的强烈责任感，深刻了解教师专业发展的理论，并时刻保持一种学习的自觉状态，不管遇到什么情况，都不能轻易放弃学习。只有不断学习，才有可能实现智如泉涌。不仅是本职工作需要的内容要学，如果有机会和足够的时间，也要尽可能多地涉猎其他方面的知识，因为智慧产生的基础是广泛的，而不同种类的知识之间也是相通的，知道得越多，自然也就越有智慧，这是个很简单的道理。

另一种表现，就是最为重要的德行培养。积累知识只是武装了外在，一个人若想真的有智慧，最重要的还是要有德行，要激发自己的教师职业潜能，所以德行的培养才是重中之重。行可以为表仪，这并不是简单说说就能做到的事情。这不仅要求教师要有最基本的做人原则，要有善心、有爱心，更要求教师在未来的教学生涯中能一直保持这样的德行，而且还要自然而然地表现给学生，并影响学生。要真正做到这一点并不容易，但如果做不到这一点，即便是再怎么"智如泉涌"，哪怕"智如大海"，也不能为人师表了。因为学生们跟着教师首先要学的是做人，然后才是知识。

努力开发自己的职业潜能，就要耐下性子来做这两件事。因为不管是积累基础知识，还是培养德行，都不是一蹴而就的事情，都需要时间的沉淀，需要用心去体会、消化。这两点是基础，只有先打好了基础，才能有余力在其他方面投入精力去开发更多的潜能。

说到开发自己的潜能，并不是自己关起门来苦心钻研，相反地，越是与他人交流得多，越是向他人请教学习得多，这种潜力开发可能反而会越快。因为一个人的思维想法是有限的，但集思广益的话，就会获得意想不到的灵感。所以，主动向他人学习，虚心向老教师求教，这些都有助于自身潜能的激发。

4. 培养自己对教师职业的精神情怀

干一行，爱一行，然后才能将这一行做好，才有机会将这一行做精，这便是职业情怀。选择教师作为自己奋斗的事业，那么一定要对其有足够的感情，否则总是心生烦躁、厌恶，又怎么可能耐下性子来沉淀、积累呢？也就更谈不上锻炼自己"行可表仪"了。

这就涉及一个最初选择的问题，在选择职业的时候，先问问自己的内心，对这个职业的好感度是多少。想要成为光荣的教师，那就先看看自己对教师这个职业的感觉如何。只有自己先从内心尊敬这个职业，自己先对这个职业有美好的憧憬与向往，接下来才可能愿意为之付出努力。当然，也不排除有人是在非常偶然甚至是万不得已的情况下成为教师的，如果事已至此，那么是选择抱怨，只期望有机会迅速脱离"苦海"，还是选择安下心来，用心做好自己可以做到的事情，是一个严肃的选择问题。孔子说，"执事敬""事思敬""修己以敬"，说的就是敬业，敬业代表着对这份职业有着荣誉感与幸福感。不管怎么选择，一旦确定了，还是敬业一些才能更对得起这份职业，也更对得起自己。

再说回到教师这个职业上来，教师理应给人带来更多的荣誉感与幸福感。教书育人是一项艰巨的任务不假，可一旦做成功，有学生从自己这儿顺利毕业，学到了知识，提升了素养，取得了优秀的成绩，有了可喜的成长，甚至自己桃李满天下，那份荣誉感与幸福感恐怕是别的职业所无法体会的。

但是，要培养这样的精神情怀也是需要时间的，不要期望短期内就能体会到多么浓烈的荣誉感与幸福感。教师只有以润物细无声的方式去对待学生，才可能见到教育的成效。同样地，也要经历相当长的时间才能体会到做教师的那种源自内心的成就感。所以说，选择教师这份职业，就需要学会沉淀自己，静下心来去提升自我，沉下心来去教育学生，多想想自己可以做到的事情，安于平凡，却也要懂得享受教书育人的快乐。

概括来说，培养自己对教师这份职业的精神情怀，就要做到三点：第一，业务要精。提升自我职业技能，增强处理教育过程中各种事务的能力。第二，为人要有正气。要有为人师表应有的书卷气与坚定心。第三，要有愿意为教书育人事业奋斗的精神，要有甘愿奉献的气魄。

要做到这三点也并不难。首先，要对这份职业有感情，一个对教育事业充满爱的教师，自然会乐于献身教育事业，也更愿意花力气提升自己的教育水平，对待学生也会更有爱心与耐心，而对职业有了感情，不管遇到怎样的问题与挫折，都能保持豁达的心胸，用乐观开朗的态度去应对，不仅能激励自己，也会给学生带去一种榜样力量。

其次，便是真的要对教育投入感情，教育不是念念书上的字就行了，而是要将文字化成语言、知识、情感、思想与智慧，传入学生们的心田，要用高超的教育艺术来征服学生，激发他们对学习的兴趣。

最后，教师也要顾及自己的身心健康，身体康健、心理素养良好，这样的教师才能将更多的精力投入到教育事业上，而学生也才能尽可能多地受益。

经历过这样的一番奋斗，每位教师都能成为充满朝气、才华横溢、德行兼备的优秀教师，这无疑也就提升了我们对这个职业的精神情怀。

5. 善于珍惜时间，管理时间

自然赋予每个人的时间都是相等的，一天 24 小时，一年 365 天，多一分一秒都不可能。但是，同样的时间里，有的人会做很多的事，觉得时间如白驹过隙，一闪即过，恨不能将一分钟当成十分钟来用；可有的人却觉得度日如年，巴不得时间飞一样地前进到能引起自己兴趣的事情上去。不懂得惜时，那就是在浪费人生，最终只能一事无成。

如果说珍惜时间是对待时间的原则，那么管理时间就是对待时间的方式了。也就是说，首先要有惜时的态度，要知道时间若是浪费了，便如江水东流不复返，人生就是一条单行线，要珍惜的不只是某几年，还有自己的整个人生。知道时间的宝贵，然后才能谈对时间的管理。

尤其是对教师来说，教师的时间与其他某些工作的时间是不一样的，因为教师的时间具有不确定性、不可控性。教师的工作很是繁琐，可能经常会因为各种工作安排而影响原定的时间计划，有时候工作都压下来也会导致难以更好地控制自己的工作。虽然教师的工作以教育学生为主，但是其他一些工作也可能会影响到正常的教学工作，导致教师不得不将一部分时间花费在教学之外。

面对这样繁复的工作，如果不能合理安排自己的时间，最终只能焦头烂额。应该做的事情做不好不说，重要的是耽误了学生们的学业，如果在教育上再出了差错，这无疑是对教育的不负责任。

所以，作为教师，我们要学会管理时间。有人错误地理解了管理时间的定义，认为把自己所有时间都用工作填满就是在管理时间了，可实际上并不是这样。管理时间是要让每一分钟都用得更有价值，而不是让每一分钟都不闲着，如果有能力做到事半功倍，那节省下来的时间岂不是可以做更多其他的事情？管理时间的关键在于好好思考，制订出完善且合理的工作计划，确定要做的事情，将所有事情依照重要程度安排出先后顺序。不仅如此，还要对教学工作与其他工作事先进行周密考虑，以安排出合理的流程。

对于教师来说，在时间方面的管理要有自我主动性，绝对不能事到临头了才去安排，否则工作会在不知不觉间堆积起来，反而难以处理了。教师要有合理的时间安排，到什么时间就做什么工作，即便有了临时的工作，也不会因为临时插入而对所有的工作产生太大的影响。简单来说，就是要让所有的工作都处在一个可控的范围内，要有主动管理时间的意识。

对于教师，要管理好时间可以从以下三点入手：

第一，要有清晰的目标。只有目标清晰，才能对时间进行合理地分配。所以不管是人生目标，还是短期的工作目标，都要到位且明了。

第二，对目标要有高度的责任感。用饱满的热情与积极的态度去处理工作中的问题，不要拖拉，当下应该做的事情，不要拖到后面去做，今日事今日毕，才能充分利用时间去工作，才不会被突如其来的事情搞得一团糟。

第三，不要将时间浪费在无聊的事情上。在做事方面，要努力提升自己的专注力，不要患上"大脑肥胖症"。另外，有时候教师也会参与一些社会活动，不过有些活动是可去可不去的，有些活动可能只是碍于情面不得不去的。这就要好好考虑一下了，不要将时间浪费在这上面。

6. 要热爱教育工作，更要热爱生活

人的一生，最主要的不外乎两件事：工作与生活。工作是为了让自己不会无所事事，让自己有精神依托，不会白白虚度光阴，而最简单直白的一点，就是有工作才能保证有生活；而生活，则是要调节工作的辛苦，让自己的身心获得休息，让自己的精力得到恢复，概括来讲，生活顺心是工作顺利的前提。

显然工作与生活是密不可分的两部分，不能只工作不生活，否则身心为工作所累，人很快就会垮掉，变得心有余而力不足；也不能只生活不工作，否则与寄生虫没两样，人很快就会变得颓废、消极，没有活力。所以，工作与生活应该是相辅相成的。

但是很多教师却并不能很好地协调这两方面，有的教师一心扑在工作之上，为了讲好课、带好学生，除了工作其他什么都舍弃了。对家庭疏忽，对亲人漠不关心，对自己也狠得下心来，结果家庭因此疏远，亲人因此心生怨言，就连自己也落下了一身病。看似是为教育工作奉献一切，可实际上，当工作背后的生活已经变得如此混乱不堪的时候，哪里还有足够的精力去应对工作呢？最终也只能是工作、生活双双不顺。

说到教育与生活，教育家陶行知先生给出了这样的描述："从定义上说：生活教育是给生活以教育，用生活来教育，为生活向前向上的需要而教育。从生活与教育的关系上说：是生活决定教育。从效力上说：教育要通过生活才能发挥出力量而成为真正的教育。"可见单就教育来说，其与生活也是密不可分的。工作与生活不可分割，少了哪一方人生都不会完整。所以，作为教师，我们不仅要热爱教育工作，也要热爱自己的生活。

首先，要真心对待自己的工作。南宋理学家朱熹对《论语·学而》中的"敬事而信"给出了"敬者主一无适之谓"的解释，意思就是，全神贯注地去做一件事，心无旁骛，这样才能获得真正意义上的成功。对待教育工作，用苏联教育家苏霍姆林斯基的话来说就是"没有爱，就没有教育"。可见，对教育自然是要有认真踏实的敬业精神，要对这份事业倾注全部的爱，尊重这份工作，做好自己能做到的事情。

其次，将工作与生活分开来。前面提到的管理时间、工作规划这时便很重要了。工作时间要充分利用起来，备课、批改作业，尽量在工作时间里完成。有的教师可能会回家批作业、备课，有的教师在学校里也可能加入很多教师的聊天，这些时间其实都是碎片化的。应该工作的时候，便不要浪费时间，将能做完的事情都做完，以免不得不将工作带回家去做。

最后，一定要好好生活。有的人对生活很没有要求，有吃有喝能睡觉，就足够了。但生活并不是这么简单的，尤其是有家庭的生活。因此，照顾好自己的身体，多与家人在一起，对家人也多一些关心，这些都是好好生活的要求。如果有更好的时间安排，也要多读些书，多走些路，陶冶情操的同时，也锻炼了体魄。

其实，教育也是生活，不会好好生活的教师，教育工作的寿命也多半不能长久。教书育人的工作是教师生活的一部分，好好体味生活，不仅是在保养自己的身心，也会增添更多对生活的感悟，这无疑是对教育工作的一种另类辅助。而且，会生活的教师也更具有生活人文气息，也更能贴近学生，能获得学生的喜爱，这岂不是更有利于教育工作的开展吗？

7. 做到读书人的"三有"：有志、有识、有恒

作为读书人，教师要对自己的职业有一个清醒的认识，并对自己有一个合理的人生安排。教师的职业是教书育人。若要教书，首先自己要读书；若要育人，也先得自己头脑里有足够多的知识、道理、思想，才能够让学生们去学习、探索。

既然是读书人，那么教师也应该有读书人的样子。读书人是怎样的呢？曾国藩在给兄弟们的信中是这样说的："盖士人读书，第一要有志，第二要有识，第三要有恒。有志，则断不甘为下流；有识，则知学问无尽，不敢以一得自足，如河伯之观海，如井蛙之窥天，皆无识者也；有恒，则断无不成之事。此三者缺一不可。"解释过来就是，作为读书人，第一要有志向，第二要有见识，第三则要有恒心。有志向就不会甘于平庸，一定会努力向上奋进；有见识就不会因为知道一点皮毛就觉得自己了不起，反而会追求更多的学识；有恒心则是做所有事都能成功的重要前提。这三点缺一不可。

对于教师来说，显然不能整日以工作为理由，就此放弃读书人原本应该做到的三件事，读书人这个身份应该是要延续一生的。即便已经有了教师的身份，也要做好读书人应该做的。

有志。有人说他的志向就是成为一名教师，现在他已经是教师了，那志向就算实现了。但实际上，成为一名教师，反而应该是志向的开始。如何面对学生，怎样将自己所知所会的东西用通俗易懂的语言讲出来，如何应对学生们五花八门的提问与想法，怎样让学生们真正从自己这里学到更多的东西，这些都要经过时间的考验，都要经历经验的积累，才能让自己的表现渐趋完美，并逐渐向目标靠拢。所以，要实现"成为教师"这个志向，需要不断学习，不断充实自己，才可能让自己的言行也向真正的教师靠拢。

有识。对于教师，丰富的学识是必需的，不管是哪一科，不管是不是要承担教学任务，教师都不能荒废对自己学识的积累。因为教师的素养、德行，有赖于学识的积累，拥有深厚的学识，才能在不经意间让学生感受到知识、德行的重要。而且，学生都有探索的本能，就算是从应对学生的探索出发，每位教师也绝对不能放弃充实自我的机会。

有恒。做教师是一件辛苦的事情，坚持自我、充实自我也同样是辛苦的事情，更何况每天还有繁重的教书育人的工作。所以，教师才更需要有恒心。坚持初心，做自己想做的事情，坚持多读书充实自我，避免浅尝辄止。坚持下去做好教师的人，也将会成为影响学生的最好榜样。

简单来说，教师应该成为对学生有影响力、有吸引力的人，有志、有识、有恒这"三有"，构建出教师的立体式生活。经历过这"三有"，读书人理应成为"志于道，据于德，依于仁，游于艺"的人，这是孔子的看法，也就是要"以求道为志向，以德行为依据，以仁心为凭借，游憩于六艺之中"。教师必须兼顾道、德、仁、艺四种人文修养，通过道来提升思想高度，通过德来拓展品德宽度，通过仁来挖掘情感深度，通过艺来提升生活丰富度。

教师这份光荣而神圣的职业，不只是因为它的职业名称神圣，其更深层的神圣定义，是需要每位教师自己去挖掘的，也是需要每位教师自己去表现出来的。作为读书人，作为知识分子，有志、有识、有恒这三件事，可不要轻易放弃，因为它不仅仅是读书所必需的，更是做人、生活、工作所必不可少的。

8. 经营好五伦关系，这是学问的根本

五伦是社会中最基本的五种人伦关系，也就是父子、君臣、夫妇、兄弟、朋友这五种关系。所谓"伦"，就是人与人之间的道德关系。

《孟子·滕文公上》中说："使契为司徒，教以人伦：父子有亲，君臣有义，夫妇有别，长幼有序，朋友有信。"可见，2000多年前，古圣先贤就已经强调用人伦道德教化百姓，处理好五种伦常关系。教师也同样要经营好这五种伦常关系，因为这是做学问的根本。

有不少教师都是用看待学术或知识的态度来对待五伦关系的，也是从学术或知识的角度来对学生们言明这五伦到底是什么意思。但是，真正放到自己的现实生活中来，却可能又是另一番表现了。也就是说，不能很好地经营五伦关系。

比如，有的教师要么与上司剑拔弩张、针锋相对，要么就是对上司溜须拍马，曲意逢迎；有的教师与自己家人的关系处理得不好，家人之间动不动就争吵起来，夫妻不和，父子不和，婆媳关系紧张；还有的教师与周围人关系紧张，朋友也多是虚情假意，利益当先，甚至为了利益与酒肉朋友狼狈为奸，彻底违背了师德道义。当然，这可能只是个别现象，但却不能不引起足够的重视。

一位教师身边的五伦关系混乱至此，身处乱境之中，又怎么可能保持一份宁静的初心去专心钻研学问，去全心全意地教育学生呢？在孟子看来，五伦是要与五种表现相对应的：父子有亲，这是父慈子孝；君臣有义，这是君仁臣忠；夫妇有别，这是夫义妇德；长幼有序，这是兄友弟恭；朋友有信，这是朋诚友信。有了这样的

道德表现，何止是教书育人做教师，真是做什么事都没有问题了。

父子有亲。教师首先是个人，然后才是教师，是人便有亲。一个人最当先的便是要孝敬父母，这是比天大的事，如果对自己的父母都不孝敬，又怎么可能拿得出教书育人的态度去教育懵懂的孩子呢？不管到什么时候，自己获得了什么身份，都必须要遵守父子有亲这一个天理，孝敬父母，感恩父母，是为人子女必须尽到的责任。教师更要将这一项做人的根本原则坚持到底并表现彻底。这是上对父母来说的。而下对子女，当然还要做到慈爱，对孩子要有理性的爱，要爱得有道，要把握一个度，而不是溺爱，不然就可能成为司马光所说的"爱之不以道，适所以害之也"。

君臣有义。在今天这个时代，君臣关系在某种程度上也是上司与下属的关系，也就是上下级关系。君臣有义，在古代首先是要求君的，即君对臣要仁，之后才要求臣对君要忠，而不是仅仅要求臣忠的，那种"君让臣死臣不得不死，父让子亡子不得不亡"的观点更是后世杜撰的，是往古圣先贤身上泼脏水。所以这一点，教师首先要明白。教师不是"世外之人"，也是要在现行行业制度的规则中去成长发展的，怎样与自己的上级领导相处共事，也是需要教师们好好考虑的事情。对待上级，应该不卑不亢，以礼相待，不莽撞顶撞，在维护自己基本权益的前提下，做好上级交代的事情，有什么问题也要及时和上级做好沟通。当然，如果本身就担任学校中层以上干部，就更应该严格要求自己，对待下属教师一定要做到"君仁"，而不要摆出一副高高在上的官架子，没有人是智力残缺，谁都对眼前的事情看得很明白，所以，要想让工作顺利开展，要想让自己做得轻松，领导的姿态一定要低下来，下属才会高看领导一眼。相反，领导姿态高，下属会在背后嗤之以鼻。

夫妇有别。夫妻关系是教师生活中最重要的一层关系。家庭中最重要的关系，不是亲子关系，而是夫妻关系。这也是中国传统文化把夫妻关系作为五伦关系之首或核心的原因。夫妻关系维护好了，其他什么就都有了。夫妻和睦会让教师身心愉快，家中没有琐事缠身，教师才可能一心投入到教育工作之中。相反，若是夫妻间动不动便有矛盾，因为一丁点小事就吵闹不休，家中总也不能和睦平静，烦躁心情会不断累加，情绪变得恶劣起来，教育工作也就会随之受到负面影响。有的教师还会将这种情绪迁延到学生或者其他教师身上，这岂不是既影响工作效率也影响个人形象吗？所以，夫妻之间也要多交流，多创造夫妻间的沟通环境，遇到矛盾，商量为先，不要拿出教育学生的样子来训斥自己的另一半。教师也要体谅另一半为家庭的付出，多些关怀与温暖才能更好地维系夫妻关系。

长幼有序，就是跟兄弟姐妹一定要相处好，而对于教师来说，还可以将这层关系扩展到与自己的长辈、学生之间的关系。对长辈，不要托大，比自己资历老的教师是自己的前辈，要对他们心怀恭敬，凡事应该先想着他们，最基本的礼义不能忘。不要觉得自己是新生代的教师，懂得现代的、前卫的东西，就对他们有轻慢之心，而对自己的学生，也要有师道尊严，不要没大没小地与学生们闹成一片，否则威严何立？

朋友有信，讲的是诚信问题。与自己同为教师的人，都可以说是自己的朋友，和朋友相交，要讲诚信，不要为了身外利益与朋友钩心斗角。教师之间应该彼此交流教学经验，彼此研讨教学问题，彼此分享教学成就，相互之间少一些欺骗，多一些真诚，这样才能促进教育事业的共同进步。当然，教师也会有非教师职业的朋友，对待这样的朋友也要真诚，更要表现出自己的诚信道义来。

9. 立大志：为天地立心……为往圣继绝学……

"为天地立心，为生民立命，为往圣继绝学，为万世开太平"，这是北宋儒学家张载的一句名言，也是他的人生理想。具体来说，其实就是立大志，为了天下而立大志，为了让百姓有更好的精神寄托而立大志，修身养性以奉天命，立下宏愿继承孔孟圣人的学问，以传天下，为天下后世开辟永久太平的基业。天地、生民、往圣、绝学、万世、太平，这份气魄传承千年，令后人无限敬仰。

张载敢于说出这样的志向，但现代的很多人似乎有了太多的顾虑，渐渐地都没了如此雄心大志。有人说，他的志向太高远了，并非一己之力便能实现的，即便努力又能看到多少希望呢？其实大可不必这样说，人无大志，又怎么可能有想要努力奋斗的心？

这样的大志，为什么不能立？一个人立，便有一分的希望，十个人立，便有十分的可能，如果教师们都能以"为天地立心，为生民立命，为往圣继绝学，为万世开太平"为心中大志，那又何愁教育事业不会兴旺发达？何愁祖宗流传下来的经典传统变成绝学？到那时应该是"江山代有才人出"，这正是所有人都期盼的盛世。

作为教师，我们肩负着教书育人的重任，工作繁琐、事务繁多。很多人从现实角度出发，认为教师只要专心教好书就可以了，殊不知，若是教书的人都没有大志，只顾着眼前书本上的字句，那学生们最终学会的也就只能是这些字句，无法透过教师传达的思想来体会到字句背后所隐藏的种种深意与智慧。因为教师只有浅薄的理解，学生自然也就没有深邃的思考。我们都希望能培养出人才，实际上，学生们能传承我们的思想、德行，更多的人能够将我们所继承下来的盛世绝学再继续发扬下去，这已经是远大的志向了。

既然如此，作为教师，我们是不是也应该志存高远呢？曾经有人说："一流教师主动变化，二流教师顺应变化，三流教师被动变化，四流教师顽固不化。"这无疑是在指明，那些只顾埋头墨守成规的教师，往往都是没法让前途明朗的。教师应该有崇高的教育理想，如果想要让学生立下宏图大志，那教师自己也不妨坦诚地将自己的志向表现出来。教师的作用，除了教给学生必要的知识，也要唤醒学生的潜能，激发他们的热情，而这些全有赖于教师的以心换心，以智慧启迪智慧。

古时候的科技、社会发展缓慢，尚且有张载这样的大儒提出如此高远的志向，在现今这个全新的时代，教师理应担负起时代赋予的使命。只有志存高远，才能教育出同样志向远大的学生，而且自己也能因为这远大的志向而有更明确的努力方向和更大的前进动力。

10. 要博学、审问、慎思、明辨、笃行

提到教师，人们心中都会有一个比较普遍的印象，那就是教师都是博学的，"有问题找教师"，这已经成了一种定律。众人对教师崇拜的心理，的确会给教师带来一种荣誉感。但若就此躺在众人的崇拜之中，可就是错误的处理了。越是被人寄予哪方面的期待，就越应该在哪方面有所积累。

《中庸》中说："博学之，审问之，慎思之，明辨之，笃行之。"意思就是，在学习方面，广泛吸收接纳更多的知识，并带着质疑的态度不断钻研学问，慎重且周全地思考以厘清知识之间的联系，在不断的学习中形成清晰的判断能力，并最终用知识与思想来指导实践。

教师这个特殊的身份，注定不能得过且过，这博学、审问、慎思、明辨、笃行，便相当于给教师指出了一条修身之道。《中庸》中还提到，"动而世为天下道，行而世为天下法，言而世为天下则"。以前的读书人，一言一行，都要考虑到给天下人带来的影响，君子的举动可以世代为天下人所共行，他的行动可以世代为天下人所效法，成为天下人的准则。在学生们眼中，教师就是这样一个可以成为君子的存在，这足以见世人对教师的要求之高。

要做到博学，最基本的就是要博览群书，有机会遇到老前辈，也要虚心求教，以提升自我内涵为原则，还要不耻下问、多方求教，这些正是教师工作之余最应该做的事情。不要总端着自己的教师架子。在问题面前，人人都是学生，先把问题搞清楚才是最重要的。不耻下问不是说来好听的，孔子尚能做到三人行必有我师，那作为传承人的我们，又有什么不好意思的呢？解决自己心中的疑问，才是最重要的事情。要实现博学，教师还要保证心静，安静沉稳地去接纳一切知识，不急不躁，这样才能踏实地将知识内容学到头脑中去。

关于思考，有的教师思考的深度不够，很容易犯囫囵吞枣的毛病，尤其是一些简单的知识内容，只是尽到教学义务、完成教学任务就不再深入了，教师这样的想

法并不利于开发学生的思维能力。所以，教师应该善于思考，要教给学生的东西，自己先多思考一些；自己新学来的内容，也要经过思考弄明白其中的道理。勤于思考才能将所有知识学透彻，才能将新旧知识串联起来，并在头脑中形成属于自己的知识体系。另外，思考不只是知识方面的思考，在与学生的关系方面、教育学生的方式方法方面、与学生的交流沟通方面、揣摩教学经验方面，思考也都能发挥大作用。要做一名好教师，就一定要有灵活的思考能力。

至于判断力，教师要在不断的学习中提升自己的判断力，尤其要端正自己的思想，保证以传授正确的内容为原则，以免因为领会了错误的思想而误人子弟。要能逐渐意识到知识点的轻重对错，意识到哪些是要好好教的，哪些又是要避免误解的，对于所学到的内容要通过敏锐的判断力去粗存精，去伪存真，保证最终教给学生的是有用且重要的内容。

最后一点是行动实践，知识学来是要用的，教师学来的内容更要用在日常工作与生活中。尤其是诸如孝悌之道、诚信之道这样的内容，教师更要以身作则，才可能让学生对这些做人的基本原则有更深层次的理解与体会。而且，"有弗行，行之弗笃，弗措也"，既然做了，不做到圆满也是不行的，所以教师不能仅仅是行动起来，更要保证自己的行动是正确且有效的。

11. 永远注重身教的力量，而不仅是说教

许多教师确信，苦口婆心的劝说教育对于学生是最管用的。所以一旦遇到问题，很多教师就倾向于选择用说教来教育学生，试图通过一套又一套的大道理来让学生明白自己的苦心，并期望学生能在这种说教之下有所改变。

可事实上，说得越多，效果却并不一定越好，学生的耳朵都听出了茧子，那些

话他们可能不只在教师这里听过，在家里、在其他人那里也听到过，所以当教师再说一遍的时候，对他们已经远没有了教育的效力。而且，很多教师只是单纯地将道理、原则讲出来，至于怎么做他并没有示范，而在他自己身上，可能也没有真的实践过。如果有学生质疑，他们又会拿出自己的教师身份来强迫学生听教师的话。如果到了这个地步，就证明这种频繁的说教的用处是不大的。

若想要好好教育学生，教师应该始终注重身教的力量，而不仅仅靠动嘴，说教可以有，但身教才是让学生心服口服的最好的教育方式。汉代儒学大家董仲舒说："是故善为师者，既美其道，有慎其行，齐时早晚，任多少，适疾徐，造而勿趋，稽而勿苦，省其所为而成其所湛，故力不劳而身大成，此之谓圣化。吾取之。"可见，"既美其道，又慎其行"，不仅要说到，更要做到，才能体现师德。

说起身教，有的教师认为这应该是家长的事，而教师则应该更注重教给学生们知识，所以在这方面，有的教师并不太在意。殊不知，与朝夕相处的家长相比，教师给学生的感觉却更加神圣一些，教师的言行举止对他的影响也同样不容小觑。

德国教育家第斯多惠说："教师本人是学校里最重要的师表，是直观的最有教益的模范，是学生活生生的榜样。"俄国教育家乌申斯基则说："教师个人范例对于青年的心灵，是任何东西都不可代替的最有用的阳光。"不管对什么年龄段的学生来说，教师的身教都将对他们产生深远的影响。

有这样一个榜样，一位教师为了保证学生可以自觉按时到校，便每天早上六点半到学校，与学生一起打扫卫生。最开始，总是有学生迟到，可是教师却从来没有迟到过，每天都按时来。过了没多久，学生也就都不迟到了。学生们认为，教师这样做无非就是为了鼓励学生认真对待上学这件事，好好学习。她什么都不图，还能风雨无阻地来学校，那自己要是再迟到，就对不起教师了。

所以，与其等到问题出现了再用大段大段的说教来试图纠正学生的错误，倒不如从一开始就用自己正确的言行思想来影响他们。就算是问题到了眼前，也不用没完没了地说教，用身教更能影响学生，让他们主动改正。这位用自己的实际行动来解决学生迟到问题的教师，的确是个可供学习参考的好榜样。

而要做好身教，显然对教师的要求就高了。别的先不说，单就教师平时教育学生的那些话语，首先自己就要保证做到，不要嘴里数落着学生，自己却还我行我素，否则这样的教育就更加显得无力了。

平时，教师也要对自己严格要求，尤其是在基本的孝悌忠信、礼义廉耻等德行素养方面，要约束好自己。很多事情教师要做到亲力亲为，可以将言传与身教相结合，用言传来讲解道理，用身教来证明原则。同时，教师的言行原则也要以爱为基础，要意识到教育也是爱的艺术。若想要让学生信赖教师，并能以教师为榜样，教师就要发自真心地用自己正确的言行去引导教育学生，当学生能感受到教师的真心时，我们的言行才能在他的内心深处留下烙印。

第二章

家庭关系——教师职业幸福的根本源泉

修身、齐家、治国、平天下，这是《大学》中提及的君子成长之道。修身，意在提升自己的综合素养，而齐家则要求保证家庭关系和谐，显然只有先顾好了自己和自己的家庭，才有可能做接下来治国、平天下的事情。教师这个职业，也要遵循这样的道理。

12.回家后，第一时间转换自己的角色

把教育事业看成是自己一生的奋斗理想，这是一件值得尊重的事情。很多人投身教育，奉献自我，这也很令人感动。尤其是很多教师在教育教学方面有着肯钻研、肯吃苦的精神，能教出更多有出息的学生，能取得更多的教育成果，这也让他们感到自豪。

不过，也正是这种全身心的投入，可能就会导致一些教师只关注了事业却忽略了伴侣、孩子，甚至父母等家人。时间久了，被忽略的家人可能会心生抱怨，而做教师的一方也可能会以事业为重、教育为先进行反驳，甚至还可能会抱怨对方不理解。原本应该令人骄傲的"一心扑到教育事业上"的行为，却成了家庭成员矛盾的导火索。

如果要说起来，教师可不仅仅是管理学生的教师，其首要身份，应该是他在自身家庭中的家人身份，所以，在做好教职的同时，他更应该维系自己与亲人的和睦关系。理解是相互的，教师理解家人，家人也会理解教师。否则，爆发"家庭战争"

也就在所难免。

因此，回到家后，教师要记得及时转换自己的角色。首先，不把家庭当成校外"第二课堂"；其次，收起坏脾气，积聚正能量；最后，为家人也为自己，远离私欲及不良嗜好等。

先说不把家当校外"第二课堂"。

一些教师会在不自觉间就将家变成校外的"第二课堂"，不仅是对待孩子有如对待学生，就算是对待家中的其他人，也会像管理学生或者教育学生那样去做。久而久之，有些教师在家里便形成了"一言堂"，更习惯于在家中处于主导地位。

一个人太强势，确实不太好。在家庭关系中，教师首先是丈夫或妻子，是儿子或女儿，是爸爸或妈妈，然后才是一名教师。而且，教师这个职业所要服务的对象是学校的学生，而不是家人。所以，走出校门，进入家门，教师就应该回归到家庭中来。在家中，教师应该褪去高高在上的光环，让自己成为一个好丈夫、好妻子、好儿子、好女儿、好爸爸、好妈妈。

不可否认，有的教师为了能"镇"住学生，不知不觉间就把自己练成了"严肃、威武、雄壮"的样子，即便回到家也依然如此，很难转换角色，那么家人势必会感到不舒服，就会感受到一股无形的压力，说话做事可能就会处处小心，这是能忍的状态，一旦忍不了，那就"开战"。

有的教师喜欢论理，遇到一件事一定要"理论"个输赢，以此来证明自己是对的，若是家人反对，他就会觉得家人就好像那些不听话的学生，并由此产生更为愤怒的情绪。接下来会发生什么，那就不言自明了。家人都是最亲的人，不要为了凸显自己的正确或强势就在言语上压迫对方。话语都有能量，好话有正能量，恶语有负能量。所以，要说好话，说温柔的话，不说狠话、邪话、难听的话、诅咒的话。不要刀子嘴豆腐心，而应该是豆腐嘴豆腐心。

家里是讲情义、恩义、道义的地方，不是说理的法庭，不管是据理力争还是"我对你错"，也不管是针锋相对还是恶语相向，都会影响家庭和谐。所以说，回到家，面对家人时，就要放下"教师"这个身份，多说暖心的话，多做暖心的事，让家人不会觉得"家里有个老师真麻烦"，不要让教师的身份成为破坏家庭温暖的罪魁祸首。

还有，教师在家中最常犯的一种错误，就是把家人当学生。在学校怎么训斥学生，回家来也怎么训斥家人，对待"另一半"也是这样的态度。想想看，伴侣作为一个成年人，却每天都要像学生一样接受教育，是不是对他尊严的一种挑战呢？他能乐意吗？

　　再说一下"收起坏脾气"这件事。

　　无论在学校还是在家里，我们都应该管住自己，不要乱发脾气。发脾气是无能的表现，一丁点事便吵闹起来，可不是教书育人者应该表现出来的风度。如果在家中动不动就发火，就会给家人带来不安感，整个家庭也会慌乱起来，所以一定要淡定。想想自己，读了那么多圣贤书，也清楚知道愤怒解决不了问题，倒不如踏实下来，淡定地处理家中的一切事务。

　　另外，对"另一半"也要多加体谅。想想看，做教师的一方如果将所有的精力都投入到教育教学、科研管理中去了，那家中的大事小情岂不是全都压在了"另一半"身上？想到这一点，怎么还能为一点小事而发怒上火呢？

　　最后说一下"远离私欲及不良嗜好"。

　　作为教师，不管是在生活中还是在工作中，我们都不要有私欲。生活中要多想着家人，不要只顾着自己吃好喝好，也要多注意家人的生活状态，多关心他们的身体情况。尤其是不要觉得"我很忙，你（指'另一半'）既然闲着就多做点"这样的想法没什么，恰恰是这种毫不在意的心理最容易伤人心。教师回到家后，一定要第一时间就让自己变成家庭中的一个普通成员，与另一半一起承担家中事务与责任。

　　在工作中，就更不要有私欲了。人要有自性良知，也就是要有良心，教师更要有良心，否则人心不正，教育学生是一定会误人子弟的。教师有私欲，不经意间就会做违背良心的事，不仅影响自己，也会影响家人。而且，有了私欲，内心势必会放不下一些事情，在"另一半"面前会不自然，因此，伴侣或许会产生猜疑之心。所以，千万不要损公肥私，不要损人利己，建立在"损公"或"损人"之上的"肥"与"利"都是要不得的。

　　再就是不要有不良嗜好，对于教师，吃喝嫖赌吸等恶习是一定要祛除的，作为最接近圣贤之道的人，我们如果有了这些不良嗜好，不仅会贻误学生，也会让教师这个职业蒙羞。而且不良嗜好除了会祸害自己的身体，更会祸害家人和家庭，严重影响家庭关系。所以，不良嗜好，务必要戒除，不要有任何侥幸心理，一定要抵制住各种诱惑，千万不要玩火自焚。要有家庭责任感，做到"百善孝为先"，切记"万恶淫为首"。

作为教师，我们在专心于本职工作的同时，也要重视培养好的品行，合理安排工作时间，对家人多一些关怀，保证家庭的和睦美满，让自己在工作上做到心无旁骛。

总之，教师在离开校门进入家门之后，要记得及时转换角色，要意识到"另一半"与自己是平等的，是一个思想成熟的人，可以心平气和地与之沟通、交流，切忌强硬地约束或命令。要永远记得一点：在学校里端庄大方、有礼有节，回到家就要平和暖心、爱说爱笑有真情感。其实，工作生活双兼顾并不是一件难事。

说到角色，教师在家还有父母的角色，也有子女的角色，那就要求教师教育好自己的孩子，孝敬好自己的父母。后面章节将详细阐述这几个问题。

13. 从内心对父母恭敬

在前面也提到了，很多已经成为教师的人都会不自觉地形成一种职业习惯，那就是站在高处来教育学生，不管是苦口婆心还是严词厉色，对待家人总像是在对待小孩子。这样的态度可能会导致教师对家人产生一种轻视心理，就算是对待父母可能也是"习惯成自然"，像训斥学生一般和父母说话。

父母都是比儿女年长几十岁，所以相对儿女，他们更多是处在"过去的旧时代"，于是有的教师也就借着自己接受了更多"新知识教育"、懂得了更多"新思想道理"，对懂得不多、对新时代不了解或者没有多少文化的父母心生轻视。"你不懂！""别给我瞎掺和！""跟你无关！"类似这样的话语也就在不知不觉中从很多教师的口中冒了出来，并传到了他们父母的耳朵里。当这种态度一出现，就已经意味着对父母不恭敬了，意味着这些人从内心深处对父母失了恭敬心。

对父母的恭敬心并不应该因为时代的变迁而有什么变化，更不能因为自己身份的改变而对父母心生轻视。父母是每个人人生中的第一位教师，就算我们做了教师，我们教育他人的那些道理原则，也大多来自我们的父母。尤其是有心想要在教育事业上做出一番贡献的人，应该说正是父母良好正面的影响，才让我们有了想要传承孔孟学说与圣贤教育、为他人奉献的想法与精神。既然如此，我们又怎么能因为自己成了教师，便忽略了对父母的孝心呢？

孝敬父母，一定要发自内心，很多人的孝敬都是浮于表面的，或者说是做给人看的。其实能做到这一点，也是因为人们意识到了"不孝敬"是不对的，可既然有这样的意识，为什么不真正做出来让父母安心，也让自己安心呢？教师这个职业本身就讲求"为人师表"，有些教师可能不经意间就在外人面前表演出"父慈子孝"来。这可并不是真孝顺，而是教师这个身份不得不孝顺。这样的孝敬并不能带来真福气，我们一定要避免。

要从内心对父母孝敬，就应该从日常小事入手，不能总将孝敬挂在嘴边，也不能刻意做给外人看。多问候，勤看望，常有笑脸，不顶嘴，凡事勤思量，不做令父母蒙羞的举动……这些都应该变成我们日常生活中的习惯。

14. 经常问候父母，常回家看看

什么样的人是好教师？"春蚕到死丝方尽，蜡炬成灰泪始干"，这是很多人在看到这个问题后都会立刻想到的一个答案。许多教师将自己的全部身心都投入到教育工作中，专心致志、废寝忘食、不顾身体、不顾家庭。尤其是有的教师因为种种原因远离父母，但为了自己那"做好教育工作"的誓言，便狠下心来暂时无法照顾父母。

敬业精神是值得认可的，干一行爱一行专一行，并努力做到最好，这是难能可贵的事情。愿意投身于教育这项事业，这原本应该是一件可以记录功德的事情，但是敬业与孝敬父母并不冲突，为了事业抛弃父母才是最大的错误。

身为教师，我们尚且会向孩子们传递"孝敬父母"的思想，也会督促孩子们做出孝敬父母的行为。但是如果我们只是嘴上说说，自己却连父母家门都不常进，也对父母少了经常性的问候，这样一来，对学生们的教育可就真的只是"嘴上说说"而已了。

要教育好学生，教师的身教是最重要的，这种身教不是说一定要让学生们看到我们做了什么，而是要始终如一地有良好的表现。很多人应该都有这样的体会，对一件事的描述，听说总比不过亲身经历，如果我们只是将孝敬父母要做到的事情原封不动地从书上搬下来再说给学生们听，那么他们多半也就只能理解为"这是书上的要求"。可如果是我们自己亲自做到的事情，再说给学生们时，就会多了许多我们自己的感受与体会，而且也会更富有情感，学生们会从我们的描述中感受到我们发自内心的孝敬之情，这才会促使他们去亲自体验这种情感。

所以，如果想要告诉学生们"经常问候父母，以后长大也要常回家看看"，那么我们自己就必须先做到这一点。不管与父母相隔远还是近，问候一定不能少。如果和父母住在一起，那么每天的问候必不可少，关心父母吃得好不好，睡得好不好，还有什么其他需求，倾听父母的心愿与希望，多关心父母的身体，一旦有情况就及时处理；如果没有和父母住在一起，那么问候的电话就更是不能少。除了电话，科技时代还有诸如QQ、微信等许多其他实用的"面对面"的联系方式，耐心地教会父母，与他们用更多方式进行沟通，不要因为自己的工作而冷落了父母。

尤其是在没有和父母住在一起的情况下，一定要安排出足够的探望时间，经常回家看看，不一定非要年节，只要有时间，就可以去看看父母，问问他们好不好。当然还是会有人因为种种情况而做不到经常问候与探望，那是不是就可以不做这些事情了？其实对父母的思念总是会有的，不妨写下来，或者录下来，如果有机会送给父母，让他们看到、听到，让他们知道我们虽然不能经常回到他们身边，但内心对他们还是有所牵挂的，这也是一种表达孝敬的方式。不过，但凡有机会与父母见面，还是及时表达自己的孝敬之情吧。子欲养而亲不待，不要等到父母老了、故去了，才想起来自己还没有好好孝敬过父母，到那时候不管怎么后悔都晚了。问候与看望，是最平常也最简单的事情。

15. 色难，给父母一个好脸色

电视台曾经反复播放这样一条公益广告，说的是一个事业有成的男人，对待工作一丝不苟，对待下属严厉苛刻，甚至形成习惯，对待儿子时也是不苟言笑。可当儿子回到家之后，他却意外发现了严肃爸爸的另一面，在奶奶的房间里，爸爸耍着棍子，扮着孙悟空的样子，笑得一脸童真，而奶奶则被他的举动逗得哈哈大笑，前仰后合。这则公益广告的广告词叫，"孝敬父母，笑顺父母"，而其精华，就在这一个"笑顺"之中。什么是"笑顺"？就是给父母一个好脸色，不要将自己僵硬、苦闷的臭脸摆给父母看。

《论语·为政》中讲："子夏问孝，子曰：'色难。有事，弟子服其劳；有酒食，先生馔，曾是以为孝乎？'"子夏问孔子什么才是孝，孔子给出的答案就是"对父母和颜悦色"。可如今很多人都做不到，所以才说是"色难"，好脸色难以实现。

就现实来讲，很多人孝敬父母的表现都是这样的——有事为父母操劳，有了饭食让父母先吃，如果父母生病了也会跑前跑后地照顾。可是能够做到发自内心地用柔和快乐的表情来面对父母的人却太少了。很多人似乎有种错误的认知，那就是："他们是我的父母，我在他们面前难道还不能想怎么样就怎么样吗？"存在着这样的心理，很多人在父母面前难以有好脸色。父母看到了会怎么想？有的父母可能会当时就发脾气，会错认为我们就是不孝顺的；而有的父母也许就会认为"我是不是影响了孩子"，怎么能让父母对我们产生这种畏惧心理呢？

有人觉得，对父母只要是真心的就好了，表情什么的都是小事。可连最基本的面部柔和表情都无法维持，就算做再多的事情，恐怕也不能令人信服。作为教师，我们可能会对领导摆出笑脸，也可能会对学生温柔相待，可感觉累了、倦了、烦了的时候，却把这些不快的情绪都发泄给父母，摆出臭脸来给父母看，到底是谁规定了父母有义务接受我们的坏脾气呢？

父母年岁越来越大，他们可能会在各个方面越发做不到完美了，可越是这样我们才越应该意识到，父母已经老了，允许我们去孝敬的时日正在逐渐减少。既然如此，我们又怎么能不好好对待他们呢？

教师的工作的确烦琐，不管是上级还是下面的学生们，都可能会给我们带来各种烦恼的事情，尤其是学生们水平参差不齐，也会让我们感觉到工作的难以进行和自己的力不从心。这些烦心事会扰乱我们的心情。可父母没有义务接纳我们的糟糕情绪，而且这些问题理应由我们自己去面对、处理，不要因为自己心情不爽就对父母撒气。

要做一个孝敬父母的好教师，就应该学着自己解决问题，而且要保证在进入家门、见到父母之前将这些问题处理干净。就算没有处理干净，也要将其留在第二天去思考。心有委屈、心有不满、心有气愤，不要对着父母发泄。

对父母一定要有耐心，父母接受新生事物比较慢，对一些新现象也不一定能很快接纳，如果问起我们来，我们也要耐着性子好好给父母讲，不要觉得这是在浪费时间，要知道我们小时候什么都不懂，父母也是如此耐心地教导我们的，他们可是一直面带笑容。所以，现如今，面对年老的父母，我们也应该用足够的耐心与温柔，来回报父母一份舒心。

16. 父母不是完人，要学会劝谏他们

在孝敬父母方面，上古帝王舜给我们做了最好的榜样，在他还不是帝王的时候，他的父亲与继母对他就非常不好，甚至想方设法去谋害他，但是舜却并没有因此就丢弃自己的孝道，反而依然对他们恭顺有加，其孝行甚至感动了天地，尽管后来他做了帝王，但对父母依然恭恭敬敬。

父母不是完人，就比如舜的父母，但是如果我们的父母也是如此，那么很多人一定会对父母颇有微词了，甚至有人会因此而放弃对父母尽孝。这世上只有一个舜，很多人是做不到像他那样的，而父母又的确有错，怎么办？自然是要学会劝谏了，帮父母改正错误，也是孝敬的一种表现。

劝谏父母，不要苦口婆心地讲大道理，不少父母都会有一种威严，会觉得自己被孩子教育了并不是什么有面子的事，有些老人会坚持己见，有些老人又会脾气暴躁，若是一言不合，与父母吵了起来，不仅起不到劝谏的作用，还会伤了和气。

那么，到底应该怎么劝谏不完美的父母呢？

首先，有的教师对错误几乎是零容忍，就算是父母犯的错误也"毫不姑息"，当下就会驳父母的面子。父母错了，可以委婉地提示一句，或者待他们情绪平稳舒缓的时候，再提及这件事比较好。有人觉得，父母反正已经老了，像小孩子一样，错了就错了，随他们去吧。这可不是正确的想法，父母有错，如果子女不想着提醒帮他们改正，那也是对父母的不负责，还是找个合适的时间告诉他们比较好。

在《孝经·谏诤章》中有这样一段话："父有争子，则身不陷于不义。故当不义，则子不可以不争于父……从父之令，又焉得为孝乎！"这里的"争"通"诤"，就是直言规劝的意思。整句话的含义是：对父母而言，如果有敢于直言进谏的子女，父母就不会陷于不义之中。因此，如果父母要做不义之事，子女不可以不劝阻，如果只是盲目地遵从父母的命令，又怎么称得上是孝顺呢？

没错，做子女的如果明知父母有重大过失，却睁一只眼闭一只眼地任由父母做

错事而不劝谏，那就是陷父母于不义之中。《孝经·谏诤章》的教诲与《弟子规》里的这句"亲有过，谏使更，怡吾色，柔吾声"不谋而合，它告诉我们，当父母有过错时，做子女的一定要劝谏，使父母改正，而"怡吾色，柔吾声"就强调了劝谏的态度与方法。也就是说，子女劝说父母的时候，表情要和悦，说话的语气要柔缓，不能怒气冲冲地用指责、命令的口气劝导，否则父母很难接受。这也说明，在古圣先贤的教育中，是没有愚孝这一说的。

其次，可以用换位思考的方式来引导父母。孔子曾说："事父母几谏，见志不从，又敬不违，劳而不怨。"意思是，侍奉父母，如果他们做了错事，就应该和颜悦色、轻言细语地劝说，而如果他们不愿听从我们的劝说，对他们还是要恭恭敬敬，不要当面违抗他们，即使是为他们操劳，也不要有怨恨之心。以后再慢慢找机会劝谏就是了。

再次，即便成为教师，也不要常用教师身份提醒父母的错误。成为教师之后，很多人不自觉地形成了以教师口吻训斥的态度，父母会从中感觉到不被尊重，哪怕是为了他们好，训斥的方式也会让他们感觉难过。

在父母面前，可以用教师擅长的循循善诱的方法，柔和委婉地讲出我们觉得不妥当的地方，然后留给父母自己去考虑。

最后，要有"磨"的精神。不是指干耗硬磨，而是要有耐心，让父母一点一点地接受意见。

17. 做好工作，让父母安心

父母一天天老去，他们最希望看到的事情，无非就是儿女有个好工作，有个好生活。平安康健，不只是儿女对他们的期望，也是他们对儿女的期盼。要说生活，无外乎柴米油盐酱醋茶，很多父母对这方面都很知足，儿女生活有保障就足够了，而一说到工作，不少父母就会提高关注度了，儿女工作顺利，父母会更为安心，在他们看来，有保障的工作才是生活最大的保障。

所以，如果选择了做教师，就尽心尽力地干好本职工作吧。这份工作是造福于民的工作，更应该好好表现。有的教师可能心存这样的想法，先用这份工作做敲门砖，以后有了好机会再跳槽。虽然我不反对人往高处走，但如果连眼下的工作都做不好的话，那么再往高处走也就不可能了。工作得过且过的话，没有成就不说，整个人也会因为心不在焉而出问题。做好眼前可以做到的事情也是一种责任。

而且，如果只是为了一心往上爬，而不善待眼下的工作，这样的教师其实并不会被人看好。人人都喜欢每件事都能专心做好的人，而不是这种拥有"吃着碗里的看着锅里的"的心态的人。更重要的是，教师这个职业是有其特定的影响的，若是教师自己都对工作毫不在意，那么学生们也将学教师的这种吊儿郎当的样子，他们对自己的学习也就不在意了。所以才说，教师这份工作是神圣的，容不得半点亵渎。一旦成了教师，就应该肩负起培育学生的责任，而且一定要认真。

所以，一定要培养自己的敬业精神，做好本职工作是每一个进入职场的人的职责，不管在什么岗位上，既然已经入职，便要爱岗敬业。教师的敬业精神，就体现在对教育工作的热爱上，体现在对学生的关怀备至上，体现在对业务的不断钻研上，显然不管是哪一点都与自我利益无关，只要没有被私欲占据头脑，就能将大部分的时间精力投入到工作中去，时间长了敬业精神自然也就有了。

在这个过程中，也要丢掉好高骛远的想法。"将来一定要如何"这样的想法在很多新入职的教师身上可能会普遍存在，很多人会将理想志向与好高骛远搞混。真正的志向是要靠努力去实现的，而不是只在那里干想，所以与其不断憧憬未来，不如安下心来做好现在的事。一步一个脚印地向前走，充实好自己，做好自己，让学生在不知不觉中就受到正能量的影响，而自己也将在这样的努力过程中受益良多，经验会越来越丰富，个人发展自然而然也就越明朗了。做好眼前的工作，虽然有些工作很简单，但也要付出努力。积极努力提升自我是必要的，这是做好本职工作的一个最重要的前提。

另外，还有一点很重要，那就是不能为了让父母感到开心而弄虚作假。孝敬父母应该是发自内心主动去做的事情，但有人为了迎合父母，便假装自己做得很好，有时候还会联合周围人甚至是学生来造假。这样的表现是孝敬吗？这种欺骗总有一天会让父母感到寒心的。做好自己的本职工作，是每个人对待工作最基本的态度，不以迎合为目的，而是要真正让父母看到自己工作的努力和取得的成绩，从而让父母真正安下心来。

18. 身体好，不让"父母唯其疾之忧"

现代人因为种种原因，身体都呈现亚健康状态，很多教师更是如此。曾经有调查数据表明，七成教师都处于亚健康的状态，高强度的工作与不恰当的生活方式，让很多教师的身心承受着巨大的压力。

粉笔灰尘、过多的语言表达，让教师的咽喉和声带极易受损；长时间站立授课，导致下肢静脉曲张；长期伏案工作，使教师的颈椎和腰椎承受压力过重；不定的工作时间又让好好吃饭成了被诸多教师忽略的问题，肠胃疾病也随之而来；再加上工作、人际关系等一系列原因导致心力交瘁等。这些都是教师最常犯的疾病，也变成了教师的职业病。很多教师的身体就好像是一部超负荷运转的机器，也许暂时不会出什么重大事故，可各种小毛病不断，虽然运行还没问题，但这钝刀子割肉一般对身体的耗损，却是永不停歇的。

很多教师觉得自己选择了这个职业，那有这样的问题是在所难免的，但做好教师不是以弄垮身体为前提的。也许是受到了某些对优秀品质的误读的影响，总有人觉得教师与病弱是挂钩的，似乎"身体倍儿棒，吃嘛嘛香"的教师离好教师总是有些远。这真的是误解！不管是什么工作，都应该建立在好身体的基础上，这样才能将自身的全部能量都发挥出来。否则，身体病恹恹的，心有余而力不足的状态会导致身体不断透支能量，这岂不是对自己的一种折磨？

《孝经·开宗明义》讲："身体发肤，受之父母，不敢毁伤，孝之始也。立身行道，扬名后世，以显父母，孝之终也。"先顾好自己的身体，这才是孝顺的根本，然后才能去立身行道，让父母安心。现代人的先想着立身行道却完全不顾及自身健康的做法，其实是有违孝道培养之道的。

由此可见，成为教师并不意味着就要透支自己的身体，职业的发展一定要建立在好身体的基础上，而父母也更愿意看到我们健康的样子，否则有了好成就却换来个坏身体，父母内心也是不满意的。所以，在安排工作计划的同时，也不要忘了给自己安排健康的生活计划，以保证自己的身体时刻远离亚健康。

首先，要注意基本的两点：管住嘴和迈开腿。平时的饮食要保证健康，多吃蔬菜水果，多吃粗粮，多喝水，少油、少盐、少糖；而且有时间的话就要多做运动，养成运动的好习惯，让身体各部分都得到锻炼。

其次，便是针对教师这个职业的特殊性要注意的问题。

第一，教师说话多、喝水少，虽然现在教学硬件设备有所改良，但还是会用到粉笔，所以粉尘吸入会多，这些都会导致咽喉炎的发生。因此教师要注意科学用嗓发声，注意控制声量，不要太大声或太急切地讲话，多采用腹式呼吸。课间休息时，尽量保证声带也休息一下。经常用温开水、润喉片等予以保护，少吃辛辣或刺激性较强的食物，保护好嗓子。

第二，教师长时间站立授课，下肢静脉曲张的情况比较严重。在讲课的时候可以慢慢走动，或者将身体重心在两只脚之间交替，始终保持一只脚处在休息状态。课间休息的时候也要多活动双腿，闲暇时候可以多做做慢跑、关节屈伸等活动，也可以适当地进行腿部按摩，以促进血液循环，防治静脉曲张。

第三，教师还需要做备课、批改作业或试卷、学习阅读、写作等伏案工作，这些会导致颈椎病与腰椎病的发生。最好的解决办法就是尽量保持自然端正的坐姿，多注意调整工作中的姿势，不要久坐，时不时地站起来活动一下四肢，扩展胸部，扭动腰部，让全身多动一动。

解决了身体健康的隐患，教师最好还要注意心理上的问题。教师压力大，与学生、学生父母、上级之间的接触交流比较多，很多问题可能都会遇到。所以教师要尽量保持乐观开朗的性格，也要尽量保持一个平和淡然的心态，不要凡事都去斤斤计较，学会丢掉不重要的事情。要经常在头脑中做减法，抛掉烦恼，多想一些快乐的事情，为自己的心理减压。

19. 德行好，别给父母蒙羞

"爱国守法，爱岗敬业，关爱学生，教书育人，为人师表，终身学习"，这是《中小学教师职业道德规范》中的内容，这只是简单的大标题，每一条大标题背后都还有更详细的要求。道德形成了规范，就是为了让教师能不违背自己职业的神圣。不违反这些规范，只是最基本的，将这些做到最好，保证自己有一个好德行，这才是不让父母蒙羞的表现。对教师来说，不做错事是本分，而让好德行成为内化于心、外化于行，则是义不容辞的责任。

《弟子规》中写道："德有伤，贻亲羞。"平常人道德方面出了问题，就已经让父母面上倍感羞愧了，若是做教师的人道德出了问题，这更会让人戳脊梁骨，为人师表若是不能做好榜样，这样的人一定会遭人唾弃，父母面上也会更加难堪。所以，仅从职业来看，身为教师也应该更严谨地工作与生活。那么，教师的德行培养，具体包含哪些内容呢？

首先一点也是最重要的一点，那就是做人要有原则。不管是做什么工作，为人一定要有最基本的道德原则，做个好人是大前提，给自己定下足够多的规矩，并不是要显得自己有多清高，而是要让自己意识到自己身为教师，言行举止都要有约束，不能太过随便自由，做教师也要有敬畏心，多约束克制自我才是正道。

佛家有一个"野狐禅"的公案。唐代禅宗高僧百丈禅师每次讲经都有一位老人听讲，一次讲经结束后，禅师问久久没有离去的老人："你是什么人？想做什么？"

老人说："我原本在这山上修行，有人问我，大修行人还落因果否？我说，不落因果。结果就因为这一回答，却堕五百世野狐身，没法解脱。请和尚慈悲为我开示，让我能从狐狸之身的痛苦中解脱。"

禅师便让老人将当年别人问他的问题再问一遍，老人便问："请问和尚，大修行人还落因果否？"禅师当即回答："不昧因果。"老人大彻大悟，当即叩拜，感谢大师开示，超脱狐身。第二天他果然脱离了狐狸身，而那死狐狸的尸体则被禅师带领寺中僧众火葬了。

不落因果与不昧因果，一字之差，道理却完全不同。不落因果，就是大修行人所做的一切，不被因果所束缚。这种论调是错误的。不昧因果，就是应依因果，不可冒昧因果，大修行人所作所为，因果不可断丧，不是特权可以抹杀的。

只因将"不昧因果"说成"不落因果"，"错下一个字，堕五百世野狐身"，一个字说错，便五百世不得解脱。而今身为教师，要说的字更多，要做的事更多，若是违背了最基本的做人原则，我们身为教书育人的人，岂不是要背负更多的罪过？这又怎么不让人言行举止如履薄冰？

坚持了原则就完了吗？当然不够，里外如一，这是对教师最基本的要求；心行合一，这是对教师的一种约束。不能说讲的是一套，可自己却做不到，要求学生做的，自己一定要先做到，在学生面前和不在学生面前，也要保持一致。教师最不能戴的就是面具，真实地展现自己的美好德行，自己和父母都能安心。

德行的培养是漫长的，德行的保持也一定是漫长的。教师的德行要内化入骨血，内化包含两个含义：一个就是要将好德行变成生活习惯，举手投足、开口闭口都要自然而然地流露；另一个则是，不要硬生生地在外人面前表现，好德行应该如细雨，润物细无声，不要眼巴巴地等着外人说好，自然的好才是最好，越是自然的反应才越能看出一个人的真品格。

20. 孝养父母的四个层次：身、心、志、慧

孝敬、恩养父母是为人子女的责任，要做到孝养父母，需要实现四个层次，分别是身、心、志、慧。也就是从养父母之身、养父母之心、养父母之志、养父母之慧这四个方面来入手，以更好地孝养父母。

养父母之身。这是很多人都能理解的内容，关心爱护父母的身体，多关注父母的健康问题，及时帮助父母解决身体上的大小毛病，保证父母能以健康的身体颐养天年，这是每个做子女的人都应该做到的最基本的事情。

教师有独特的细心，这份细心也要用在父母身上，对他们的身体情况多加关注，不仅是日常的嘘寒问暖，不仅是换季时的衣服更替与平时饭食的营养搭配，还要细心发现他们想要以"不打扰你工作"为借口隐瞒起来的身体问题。作为教师，我们可能无法花很多时间陪在父母身旁，我们大部分的精力都要投入到学生身上，如果不能及时在父母身边陪伴，那就多问一问，嘱咐家里的妻子或丈夫对父母多一些关心。等到有空闲的时候，就要亲自去了解父母的身体情况，亲自为父母的身体健康做些事情。

养父母之心。关怀父母，要注意他们的身心健康，身体健康是外在的表现，相对来说好发现也好调理，可是心理健康是内在的表现，如果我们不注意，也许就会忽略父母的情绪变化，以至于忽略了对他们心情的照顾。

比如，有时候父母一个电话打过来，我们可能只以为他们就是没事打打电话，但实际上其中可能包含着他们的各种心情：许久不见子女了，想念第三代了，遇到什么烦心小事了……从他们的这一通电话中，我们要能听出他们的心情，感受到他们的希望，并尽快以行动来安抚他们的心情。多和父母聊聊天，帮他们解决一些小烦恼，解除他们内心不舒服的情绪。

养父母之志。养身、养心都比较容易做到，这养父母之志就不那么容易做到了。"立身行道，扬名于后世，以显父母"，用自己的德行奉献社会，让更多的人知道

自己能这样无私付出是父母悉心教育的结果，用自己的德行让父母感到荣光，这就是大孝显亲的表现。

关于这一点在《弟子规》中也有体现，"事诸父，如事父，事诸兄，如事兄"，以好德行来服务社会，服务更多的人，使更多的人心生敬佩，父母自然也就感到欣慰骄傲了。

作为教师，我们不要忽略养父母之志的重要性，要培养自己的好德行，让学生们有榜样可学习，让学生们的父母交口称赞。自己有真才实学，好教师的名声慢慢传开，而且是货真价实的好名声，父母也会为能养育出这样的孩子感到自豪。

养父母之慧。孔子曾说："少之时，血气未定，戒之在色；及其壮也，血气方刚，戒之在斗；及其老也，血气既衰，戒之在得。"父母上了年岁，要"戒之在得"，提醒父母要学会知足，帮他们摆脱患得患失的心理。找合适的机会，趁着父母心情还不错的时候，引导他们学会对事情看得破、放得下，教他们知足常乐的道理，教他们不再那么执着，引导他们逐渐走入圣贤智慧的安宁清净之中，让他们生活得更加自在。

21. 给孩子创造健康成长的"软环境"

教师有家庭，有孩子，是父母，所以也就有教育自己孩子的重任。而孩子的成长教育离不开一定的环境，这个环境是什么？它并不是一座房子这么简单。虽然房子看上去是"实"的，但它所建构的却是一个"虚"的环境，也就是说，这个由"外物"支撑的环境是孩子"安身"的地方，对他的成长只起一个辅助作用。孩子成长的"真"环境在哪里？其实就在父母这里。父母才是孩子最"真实"的"成长环境"，是一个"软环境"，这个环境才是孩子可以"安心"的地方，对孩子的成长起着决定性作用。按道理，教师的家庭环境，对孩子的成长是较为有利的。但遗憾的是，一些教师在"软环境"建设方面还有较大的进步空间。

对孩子来说，家庭的"软环境"非常重要，因为家庭是他最常待的环境，家庭环境如何，也就决定了他是不是能够以一种良好的心理状态投入到学习和生活中。比如，一个经常发生争吵的教师家庭，动不动就大吼大叫、非打即骂，孩子在这样的环境下，内心也会充满戾气，这种戾气放在学习上，他就会认为一切让他感觉不好做的题都是在和他作对，他会忍不住用家人之间互相吼叫的话语来表达不满。还比如，如果家庭充满各种负面情绪，彼此互相挑错，全家人都处在一种"低气压"中，那么孩子也会感觉压抑，会变得悲观。

正所谓"养鱼就是养水，养树就是养根，养人就是养心"，同样的道理，要想把孩子培养好，就要为他营造良好的成长环境。家庭是一个外在的"物质化"环境，而对孩子真正起到教育意义的其实是这个外在环境的"灵魂"——源自父母的精神面貌、性格特质、行为方式、生活习惯等所融合而成的一种隐性的、内在的、"精神化"的内部环境。这就需要身为教师的父母来为孩子营造一个"岁月静好"式的"软环境"。

第一，正向消化不良情绪，而非无原则发泄。有的教师在外面对外人很能忍，但只要回到家，所有的坏情绪就都出来了，于是家里经常会充斥着各种抱怨、沮丧、悲伤。虽然发脾气是每个人的自由，可为什么非要把坏情绪留给家人来消化呢？教师是成年人，很多不良情绪要学会自我消化，学会自我开解，或者选择其他方式来转移注意力，帮助自己放宽心，而不是一回到家就把在外受的各种气都发泄出来。这种"窝里横"的表现，除了扰乱家中的平静氛围，也间接反映出教师在处事方面的不成熟，还给自己的孩子做了一个坏榜样，所以要赶紧纠正过来，还家庭安宁。

第二，快速解决矛盾，全家上下和平共处。家庭也是个小社会，各种矛盾频出，这很正常。但是，有的教师家庭就是"有本事"让一个小矛盾、小问题不断膨胀，变成大矛盾、大问题，可以持续好几天甚至更久，全家上下也就总是处于这种压抑中。其实，没有什么问题是不能解决的，有矛盾时，不要互相指责，而是互相包容，积极想办法去化解矛盾，多想着去解决实际问题，彼此少一些抱怨。越快解决问题，就能让家中的压抑气氛越快消散。

第三，不把孩子当成"情绪垃圾桶"。一般来说，教师对自己的孩子要求都很高，很严厉。有的时候一点小事可能就会让我们大动干戈，一旦坏情绪上来，可能就会把孩子当成"情绪垃圾桶"，向他无限释放自己的坏情绪：要么是对他各种找茬，指责他作业中的各种问题；要么就是"翻旧账"，说他以前不对、现在不好，哪儿哪儿都不行；又或者是"小题大做"，对孩子的一些小错"上纲上线"。这会让孩子莫名其妙地接收到这些负面情绪的垃圾，并影响到他自己该做的事情，更严重的是，他可能并不会排解这些负面情绪。可能过一段时间我们自己好了，可这种压抑的情绪却在孩子的内心"安了家"。所以，不要这么自私地对孩子发泄坏情绪，宣泄负能量。我们的情绪应该自己承担，自己想办法化解。

第四，通过正能量活动培养和谐美好的氛围。这需要通过全家的活动来进行改变。所以我们不妨多做一些充满正能量的家庭活动，比如节假日全家一起出行，一起锻炼身体，一起做游戏，一起看欢乐电影，一起分角色读书等。在进行这种全家活动时，我们要暂时放下工作、丢下烦恼，全身心投入到活动中，跟孩子一起释放压力，及时改善情绪。

第五，把家庭"环境"再进一步扩而广之。就一个家庭而言，环境不仅是家庭有形的建筑物、室内装饰等物质方面的环境，更是家中父母和谐相处，努力营造出来的无形的精神环境或氛围——家风、家训、家教等。所以，不妨在家风、家训、家教方面，给孩子营造一个更广阔的"环境"。比如，建立孝悌、谨信、爱众、亲仁的良好家风，多学习践行《朱子治家格言》《了凡四训》《颜氏家训》《训蒙大意》等古圣先贤留下的传统家训，重视并将中华民族的传统家庭美德等发扬光大。

再次强调，家庭是外在的"物质化"环境，我们要建立的是对孩子真正起教育作用的这个外在环境的"灵魂"——由做教师的爸爸或妈妈的精神面貌、性格特质、行为方式、生活习惯等融合而成的"软环境"。所以说，我们才是孩子最真实的"成长环境"。古人讲，"见一叶而知深秋，窥一斑而见全豹"，见父母便知孩童，观小儿可晓家庭。相信，身兼父母与教师双重身份的我们，一定会努力把这个"软环境"创建好。

22. 做最好的父母，把自己的孩子培养好

父母把我们培养得很好，所以我们有了做教师的志向，想要教书育人，造福社会。我们总有一天也会成为父母，那么身为教师的我们，理应传承父母的教育志向，让我们的孩子也得到良好的教育，也能积极健康地成长。

可是，在现实生活中，这种梦想能得到实现的例子真是太少了。很多教师的孩子往往都被教育得不够好，甚至有些教师子弟的教育可以算是彻底的失败。

有一位小学教师便忍不住上网求助说："我在学校里不管是教学还是做班主任，各项工作都开展得很好，学生和家长都很尊重、喜欢我。但是，我却不能与自己的女儿和睦相处。女儿也在我任教的学校上学，最初关系还算好，但到了三年级后，女儿就开始与我'不对付'了。不听话、蛮横、撒娇、顶嘴，有不会的作业，宁愿打电话问同学甚至是干脆乱写也不问我，我批评她，她就跟我搞冷战。有时候我发现她作业错了，就想要辅导她一下，可不管我多么耐心，她都不耐烦。这样的表现可真不是好学生的作为，我能管好自己的学生，怎么就教育不好自己的孩子呢？"

很多教师习惯了教师的身份，不经意间将家也当成了学校，在家中也像在学校里一样，怎么教育学生，就怎么教育自己的孩子。殊不知，学校教育与家庭教育是有区别的，孩子在学校里是学生的身份，有着学生的心理，可回到了家他的身份就转换成了孩子，他并不希望在学校受了8小时的约束后，回家了却还要继续接受学校教育。所以，若是教师回家采用教育学生的方法去教育自己的孩子，那孩子多半是不会听的。

而面对不听话的孩子，教师长期的心理定式就会把孩子归为与自己班上那个难教的学生一样的人，然后再用严厉的方式来对待孩子，结果无疑会增加孩子内心的反感。

更有的教师会有这样一种心理，觉得自己就是教师，若是自己的孩子都教育不好，怎么对得起那些学生和把学生交给自己的父母们？于是便对孩子变本加厉，要

求也就更为严苛。教师想到的是"既然是自己的孩子，就不用顾忌太多，更严格一些才好"，可孩子却完全不这么想，他感受不到亲情，只觉得被过分约束，被逼无奈地产生了反抗情绪。孩子的压力越来越大，即便暂时有好成绩，也会因为这种过分严苛的要求而最终崩溃。

另外，也有教师会借助自己的身份来跟其他教师打招呼，结果孩子一下子就成了众多教师关注的焦点，这对孩子来说也是一个最不愿意接受的局面。他的生活变成了牢笼，整日要在众人的监督下学习，发展自然也就受到了限制。

综上种种，我们也应该有所反思。我们是教师，但同时也是孩子的父母，不要总站在教师的角度去教育自己的孩子，而是应该从普通父母的角度去面对孩子，当我们放下身份的时候，也许就能用自己最真实的一面来面对孩子了。

所以，我们首先要学会转换身份，下班回家，学校里那个严肃认真的教师就要变身为温柔开朗的家长，和自己的孩子在一起应当收敛起教育者的权威，缓解家中的紧张气氛。

多一些与孩子的互动，多关注自己的孩子，而不是总用"我班上有个学生"这样的内容来激励孩子。不管那个学生是好还是坏，都会让孩子陷入不自在的被比较之中，尤其是与班上的好学生对比，会促使孩子产生叛逆心理，他会觉得自己不被爸爸妈妈喜爱。因此，在家里的时候，就要将关注的重心放在自己孩子身上，孩子有了问题，就从他的角度去找解决方法，不要让重点发生偏移。

有些教师可能在自己心中会有一个教育孩子的模板，而这个模板可能就是在综合了班级里各种各样的学生特点之后才形成的，然后在教育自己的孩子时，就会用这个高标准的模板去套。要避免这种给孩子过高要求的做法，我们都知道对学生要因材施教，那对自己的孩子也不能苛求，对他也同样要因材施教。不仅要引导孩子认识自我，我们也要认识到他是个什么样的人，按照他的个性特点去培养，一定不要包办他的生活与前程。

教师普遍都会将是否听话乖巧作为衡量学生好坏的重要标尺，习惯使然也就以此来评价自己的孩子，这其实是不正确的。我们也要用正确的身教来影响他，而不是用自己内心的标准去衡量他。

对待自己的孩子也要有耐心，有的教师对待学生可以很耐心，可是一到自己的孩子，就无法心平气和地给他解答问题。这还是要求我们要学会转换心理，回家了我们就是父母，孩子的求助，我们自然是要耐心应对的，要留足时间去倾听和帮助他解决。

其实身为教师，我们有一个最大的优势。我们对知识是热爱的，我们也必须要不断地学习，所以当我们表现出热爱知识且专心求学的样子时，孩子一定会受到感染，也会专心学习，而作为教师，我们不断更新知识，提高自身素质，在教学中取得好成果，这些也都将成为孩子学习的榜样。我们身为教师，并不需要直接用教师的身份去面对孩子，而是要让孩子在潜移默化中受到影响。

另外，还有沟通的问题。虽然教师因为在学校说话很多，回家后便不想多说，可是回家后我们要转换角色，面对孩子还是要与他多一些交流与沟通的，这样才能及时发现孩子的问题并帮他解决，帮助孩子一点一点变优秀。

第三章

修身养性——为人师者，正人必先正己

教师是一个神奇的职业：用言行举止来传递知识，用语言道理来传播思想，用德行修养来建立影响。所以，教师的一生有一个永远都不能放弃的必修课，那就是要修身养性，通过不断自我反省体察，以达到身心完美的境界。为人师者，正人必先正己。

23. 教师最根本的财富是高尚的人格

教育名师于漪说："人格魅力对教师而言至关重要。有人格魅力的教师，师生关系融洽，亲和力强，领导放心，同事敬重，学生爱戴，教育效能好。"可见，教师的人格魅力具有神奇的力量，会给学生以鼓舞和鞭策，会让学生有可学习的榜样。俄国教育家乌申斯基也说："在教育工作中，一切都应以教师的人格为依据。因为教育力量只能从人格的活的源泉中产生出来，任何规章制度，任何人为的机关，无论设想得如何巧妙，都不能代替教育事业中教师人格的作用。"所以，教育就是人格对人格的影响，教师最吸引人的就是他高尚的人格，而这也是他最根本的财富。

对于教师，身教重于言教，而身教中最重要的一点就是人格影响。作为一种无言的力量，教师的高尚人格就好像是最为深奥的教科书，会让学生从中受益无穷。相反地，如果教师只是在课堂上讲美德，自己却不努力践行，只是对学生高标准、严要求，自己却得过且过，只是不断地提醒学生要尊重他人、与人为善，可自己却冷漠淡薄，这样的人格会让学生也受到影响。所谓"严师出高徒"，这个"严"，更多的是教师对自己严，严格要求自己，处处给学生以身示范，让学生心服口服，如此才能有高徒自动自发地成长起来。

教师的人格魅力是透过理想信念、学识水平、知识能力、个性情趣、品德修养等综合素质来显现的，所以要完善自我，提升自己的人格魅力就不妨从以下几个角度来入手。

第一，教师要有正确的人生观和价值观。热爱教育，且有献身教育的热情，有足够的责任感，有自我修身的意识。处处严于律己，有反省的精神，有自查的习惯。最重要的是，教师要言行一致，有积极向上且乐观开朗的心态与处世胸怀，培养自己具备良好的心理素质，以更好地感染与教化学生。

第二，教师也要不断提升自我科学文化修养。苏联教育家马卡连柯说："学生可以原谅教师的严厉、刻板甚至吹毛求疵，但是不能原谅他们的不学无术，如果教师不能全面地掌握自己的专业知识，就不能成为一个好教师。"所以，教师一定要在自己的专业方面打好扎实的基础，并密切关注专业领域的时代变化，与时俱进的同时积极提升自己的业务水平，而且还要有终身学习的觉悟，并注重理论与实践的结合。

第三，教师对学生要有足够的理解与关爱。对学生的感情也是教师在教学工作中最有效的工具。学生都喜欢严厉却有温情的教师，既是学习上的导师，又是生活中的榜样，这才是学生最喜欢看到的教师的样子。不要与学生相距太远，不要只看得到学生的成绩，他们的心理状态和情感需求也是需要教师给出建议与帮助的。另外，教师对待所有学生都应平等，不能以成绩的好坏对学生区别对待，一视同仁是对学生问题最好的处理原则。多行动、少训教，多建议、少强迫，多沟通、少命令，这样学生才会对教师的人格魅力感受更深。

第四，教师还要提升自身的教学水平。高超的教学水平会让人格魅力在不知不觉间就被学生接受到，所以不要只是简单地照本宣科，不要只是简单重复普通的教学方式，要学会创造，有自己的新意和特点，抓住学生的好奇心和兴趣点，将自己的独特魅力融入课程当中，这才会对学生产生最大的吸引力。

第五，一定要培养自身良好的心理素质。教师应该具备强大的心理素质，不管遇到什么事都能处乱不惊，且有智慧、有条理、有原则地将其处理好。教师不慌、不乱、不烦、不躁、不怒、不火，才能让学生感到有主心骨。尤其是在挫折、失败、烦恼、怒火面前，教师要学会迅速稳定自己的情绪，更要有智慧地安抚学生的情绪。最重要的是，教师不要将学生们当成发泄情绪的对象，否则学生的情绪也会受到教师的负面影响。只有具备良好的心理素质，才能更好地了解和理解学生的情绪与情感，并成功地创造出健康的教育环境。

24. 深入学习中华传统文化的核心——八德

中华传统文化的核心，或者说中华文化的命脉，就是八德。八德，就是八种德行，即孝、悌、忠、信、礼、义、廉、耻。这八德可以说涵盖了个人与家庭、社会的道德关系，它们是每个人应该努力的方向，每个人都应该努力培养自己的德行，同时这八德也是每个人身上的约束，有了这八德，便不能为所欲为，这些道德底线会及时刹住出格的行为。如果一个人具备八德，他就是一个有道德的人，不会像有些人担忧的那样落后于时代，反而会因为美德在身而成为新世纪的强者。作为有责任传承并发扬中华优秀传统文化的传承人，教师对这八德应该进行更为深入的学习。

孝，被摆在八德之首，足见其重要。所有德行孝当先，因为没有了孝，其他所有德行的存在都是没有意义的，也是没有根据的。一个人首先应该对自己的父母孝敬尊重，这样他才可能对其他人有善心，才可能对工作负责任。否则，连对生身父母都是一种恶劣的态度，又怎么能指望他以恭顺的态度去应对其他人和其他事？

悌，是兄友弟恭的体现，兄弟之间不争不抢，既友爱和睦，也公私分明，兄长疼爱弟弟，弟弟敬重兄长。《大学》中说，"宜兄宜弟，而后可以教国人"，意思就是如果兄弟姐妹间可以和睦相处，那么就能教化全国人民都和睦相处了。可见，兄友弟恭的生活会让整个家庭和睦，家庭的和睦自然也会促进社会的和睦。

悌道紧随孝道，孝悌之道皆备，这样的人才算得上有"仁"之心。正如孔子所说，"孝悌也者，其为仁之本与"。孝悌是具有人性光辉的道德品质，也是中华文化的精神所在。讲求孝悌，是为了让家园安宁，只有家先安定了，才能安心去为社会、为国家做更多的事。正所谓"家固而国宁"，这也正是儒家所追求的"修身、齐家、治国、平天下"。

忠，心态中正、立正纠错，为人正直、诚恳而厚道，做事坚持真理且尽心尽力，勇于修正谬误。"忠者，所以尽心也，……凡忠于天、忠于国、忠于主、忠于友，皆忠也"。忠诚的人，是值得人信赖的，曾子每日反省自己时提到"为人谋而不忠乎"，便是在思考自己是不是忠实地将他人托付给自己的事情尽心尽力地做到了。由此可见，为人当尽忠，这也是做人的根本。

信，是儒家实现"仁"的重要条件之一，也是其道德修养的内容之一。信也就是要求人们能够相互遵守信用，讲诚信、不虚伪，"人无信不立"，"人而无信，不知其可也"，人如果不讲信用，那就真的不知道他的人生应该怎么发展了，他的人生也一定处处行不通。

孔子对"孝悌忠信"这四种品德是这样描述的："夫孝，德之始也；悌，德之序也；信，德之后也；忠，德之正也。"意思就是，孝是道德修养的起点，悌就是继孝道之后的道德修养次序，信体现了道德的敦厚，而忠则体现了道德的纯正。可见，孝悌是做人的根本，而忠信则是做人的动力。

礼，"礼者，敬而已矣"，"不学礼，无以立"。没有礼，整个人都不可能有成就，没办法立学问，也没办法与人和睦相处，可见礼的重要性。《曲礼》中的内容更是提醒人们，礼的精神就是"毋不敬"，也就是对一切都要恭敬。

义，孟子认为，"大人者，言不必信，行不必果，惟义所在"，"信"和"果"都必须遵守以"义"，"君子喻于义，小人喻于利"。义，就是天下合宜的道理。《说文解字》中则讲，"义，己之威仪也"，意思就是一个人看起来很有威仪、很庄严，因为做的都是讲道义的事情，所以本身就有一种浩然之气在。这无疑就是在提醒人们要成就自己的道德，就一定要遵循义，以不断地提升自己，达到美善的境界。

廉，就是德行的节操、操守，"故人有高行谓之廉"，也就是只有很好的行为才能被称为"廉"。清廉是做人重要的操守，不要占公家、他人的便宜，不要因为不清廉而丧失了自己宝贵的人格。

耻，这被称为成就德行的重要基石，如果不能成就德行，便心生耻辱，这种心理作用便是人性本有的。人人都应该有知耻心，所谓"知耻近乎勇"，知耻的人才能懂得收敛自己，并及时改正自己的错误，从而回归天良本性，也就是"乃教人知羞免愧，归乎天良也"。

管子说："何谓四维？一曰礼，二曰义，三曰廉，四曰耻。礼不逾节，义不自进，廉不蔽恶，耻不从枉。故不逾节则上位安，不自进则民无巧诈，不蔽恶则行自全，不从枉则邪事不生。"礼义廉耻这四点，被管子称为"国之四维"，他说，"四维不张，国乃灭亡"，对人何尝又不是如此呢？可见这四维的重要性。

教师不仅要将这八德讲给学生听，引导学生也培养八德，更应该注重教师自身对八德的学习与培养。多注意反省自身，及时发现自己身上哪里出现了有违八德的行为，多亲近有德行的人，正所谓"能亲仁，无限好，德日进，过日少"，这不仅是为了更好地教育学生，最重要的是为了能成为更好的自己。

25.让自己有一颗公德心

所谓公德，就是一个国家、一个民族或一个群体，通过漫长的历史，经历无数社会实践活动之后，从中积淀下来的公共道德准则、文化观念和思想传统。

公德其实就是一种无形的社会力量，它对整个社会的人都有一种约束力，那些遵守社会公德的人，会获得社会的尊重，而违反公德的人，自然也就变成了众矢之的。维护社会公德的人，具备的就是公德心，《论语》中说的"不学礼，无以立"，从某种角度来讲就是一个人为人处世应该具备根本的公德心。

教师是最应该具备公德心的一类人，因为教师肩负着培养人的重要责任，若是教师的公德心缺失，那么上行下效，传承下去的就将是错误，是无礼，一传十十传百，负面效应越来越大，这对社会来说是极其危险的。所以说，教师应该把公德心看得更重一些。

有一位学者说：“教师的崇高人格的一个重要标志，就是以身作则，向不平等和社会丑陋现象说‘不’。”但现在很多教师却做不到这一点，如果遇到不平等，很多教师是无法控制自己的，他们会为了自己的利益而发声甚至发怒，而面对社会上的不良现象，许多教师却选择沉默，甚至自己也在不知不觉中被同化，被动随大流。可是转过脸来，他们却还在神圣严肃的课堂上，将公德讲出来，提醒底下坐着的懵懂孩童以及还没有步入社会的莘莘学子，“你们要讲公德”，这无疑是一个笑话。

曾经有新闻报道说，有一个从业10多年的中学教师，半夜吃完夜宵开车回学校，发现校门上了锁，便不停地用脚踢铁门，喊保安来开门。但是保安正在校园里巡视，等他听到声音后回到校门口，便对教师用脚踢铁门这件事感到很不满，也就没有立刻开门。教师与保安在门口发生了争执，后来教师竟然摇开了铁门，对保安一顿拳打脚踢。先不说后续的处理如何，仅就这一件事来看，这个教师的公德心已经算是荡然无存了。对于教师，半夜晚归，言行粗暴，举止不当，出口伤人，出手打人，这些都是有损公德的表现。

其实人们最讨厌一种人，那就是“道貌岸然”的人，故作正经，却又表里不一。不要觉得自己在某时某地做了某些错事没人注意到，公德心已经缺失，说不定在什么事上，“缺德”便会一下子显现出来，让人无所遁形，而教师若没有公德心，似乎会更为人们所唾弃，人们不仅会谴责这个人，还会谴责与这个人有关的一切，更会担忧自己孩子的未来。

所以，一旦选择了教师这个职业，树立起自己的公德意识，具备一颗公德心便是必须而为的事情了。不过，从社会角度来说，教师也只是普通人中的一员，具备公德心与表现公德心也是要讲求社会原则的。

首先，公德意识体现在自身。判断一个人是不是有公德心很简单，看他平时的点点滴滴就足够了。教师的言行举止都会被放大到众人面前，我们自然也要更好地表现。不管是在外还是在家，不管是大事还是小情，公德在心，外化于行，哪怕是简单的不随大流闯红灯、不乘人不注意乱丢垃圾，也都能反映出一个人有公德心。这也就是古人所说的"修身"，自己约束自己，自己要求自己，哪怕是没有任何人在的地方，只要公德心在，那就不会做错事。

其次，具备公德心不是为了去指责他人。教师的职业，会让人不自觉地生出一种时刻都想要教育人的冲动。有些教师可能就会在各种场合，以公德为理由，指责那些不讲公德的人。看到一些社会不良现象感到愤慨和羞耻，这的确是有公德心的体现，可不分青红皂白地指责甚至打骂人家，却也有失妥当。人人都说，公道自在人心，处理不道德的人的最好方法，就是让他自己意识到羞耻。所以，教师还是要多发挥自己的身教作用，做好自己，不轻易为那些错误而失去冷静，不失去应有的原则，感化也就会变得自然而然起来。

最后，利益面前不忘初心。当公德心遇到个人利益时，这就是对道德的一种大考验。有些人的公德心是要有前提条件才能表现出来的，那就是不能损害自己的利益。比如，考试批改试卷，有的教师认认真真地一口气十好几张卷子改过去了，可有的教师却半天也改不了几张，因为集体批改看不出来是谁改的，没有名利，他觉得这种付出不那么值得。公德心与利益没有任何联系，有人觉得自己遵循了公德就会吃亏，就好比车上让座，别人坐下了，可自己受累了。公德心是不求任何回报的，是发自内心地表现道德的。

26. 培养爱心，提升奉献精神

苏联教育家苏霍姆林斯基说："教育技巧的全部奥秘就在于如何爱护儿童。"

古今中外的教育工作者也都有一个共识，那就是"教育是塑造灵魂的工作，没有爱就没有教育"。教师以奉献的精神对学生付出爱，学生沐浴在爱里，接受教师的无私奉献，不仅学到了知识也增长了德行。这原本应该是一个正向的发展，可现今师生关系却远没有了过去那种师尊生敬的场景。教师们只觉得"现在的孩子越来越难教"，学生们也认为"教师除了上课就没别的事，下了课就找不到人，还总是管东管西，真是太烦了"。师生关系恶化，有人认为是学生变了，可是人心都是肉长的，哪个学生会故意针对教师？正所谓来往来往，有来才有往，若是教师从一开始便对学生冷漠无爱，又怎么能期待学生以爱来回报呢？

所以，教师首先要以尊重和理解之心来对待学生。教育名师李镇西说："当一个好教师最基本的条件是拥有一颗爱学生的心！""爱心和童心，是我教育事业永不言败的最后一道防线。"可见，爱心是可以让学生与教师亲近的一大法宝。

不过，爱心的表达最好也要多注意学生的年龄层次与心理特点。比如对待年龄小的学生，就可以更温柔一些；而对待初高中甚至是大学的学生，就要尊重他的成长，理解他想要有自我表达的意愿。

教师爱学生应该是一种普遍的爱，不能因为学生的成绩差异、贫富差距甚至是性别差异而有所不同。很多教师对学习成绩好的学生总是会有一些偏爱，将他们归类为好学生。教师会对好学生更和蔼可亲，也会更耐心细致，甚至还会更宽容，哪怕他犯了错，得到的惩罚也相对要小得多，而对待成绩不算好的学生，教师就平淡得多，至于那些成绩差的学生，有的教师干脆就采取放任自流、不理不睬的态度。教师有偏差的爱，会导致学生因为缺少爱而不喜欢教师，尤其是成绩差的学生。

每个学生都有优点，成绩不好不代表这个学生真的什么都不好。教师对学生的关注应该更广泛也更客观一些，不管他哪方面表现好，都值得去肯定，值得我们发自内心地称赞。

当然了，不同的学生对爱的渴求是不同的，应对不同性格和特点的学生，爱的表达也要有所区别。所以我们也要多注意观察学生，要真正用心去爱护他们，多从他们的角度去思考，让不同的学生从不同的角度都能感受到来自教师的爱。

表达了爱就足够了吗？显然还不行。"我为你奉献那么多，还不是因为我爱你，我那么爱你，你怎么还如此辜负我的一片心意？"很多教师对待学生就是这样一种心态，给了学生爱的同时，却也为他们加上了一道名为"爱"的枷锁。学生正是因为这些枷锁，才变得不懂礼貌、不尊敬教师、冷漠、不理解教师的苦心。爱学生不是要搞专制，所以一定要尊重学生的人格；同样也不是给学生做保姆，要给他展示自我能力的机会，此外，不能表现得内热外冷，就是要让学生亲自感受到教师的爱才行，直接地让他明白会更容易走进他的心里。

教师付出的爱，其实与家长们的付出是同样的性质，那就是不求回报。对于教师，爱学生、为学生奉献，就是教师的职责所在，高尔基说，"谁爱孩子，孩子就爱谁。只有爱孩子的人，才可以教育好孩子"，其实我们最大的回报就是学生对我们的爱，哪怕他当下成绩没有太大的起色，但是他也在努力，他也在认真听我们的话，这难道不是回报吗？不要总盯着眼前看得到的既得利益，当我们抛却这些，只是专心付出和奉献时，孩子的回报已经在不知不觉间开始了。

27. 正己方能化人，正己而不求于人，则无怨

曾国藩曾说过，"惟正己可以化人，惟尽己可以服人"。《中庸》中也说："正己而不求于人，则无怨。"意思就是，自己先做好自己，多观察自身，多反省自身，不断改正自己，要让自己有好德行，而不是总去抱怨他人"你怎么这么多不好，怎么还不改"，如此一来也就不会招来他人的怨恨了。

对于教师来说，督促学生改正缺点原本是没有问题的，可是有的教师的督促却显得唠唠叨叨，总是指责学生，久而久之学生也烦躁起来，反倒更加不愿意改了。其实这还是一个身教的问题。

举一个最简单的例子，教师提醒学生们，自己书桌上的东西要摆放整齐，省得

要用的时候找不到，可自己的办公桌上却是一团乱。这样的口头表达，当然会让学生烦躁、不服、不满，尤其是当学生看到教师的办公桌之后，这种烦躁、不服、不满的心理会更为强烈。

可见，不要总是苛求他人，总是在口头上要求学生。正所谓"正人先正己，己不正焉能正人？""吾未闻枉己而能正人者也"，教师若是能做好自己，先纠正自己的问题，自己做个好榜样，学生自然也就会心服口服地跟在后面有样学样了。更何况，学生们在成长过程中，思想也正处在不稳定的时期，他们想要证明自己的愿望相当强烈，教师任何纠正他言行思想的话语，在他听来都是在揭他的伤疤，令他感到难堪。而且教师说得太多，他也会心生厌烦，最后的教育反倒没有了效果。

因此，想要教育好学生，教师应该先教育好自己，毕竟每个人都在成长，在学生成长的同时，我们也会从自己的教育工作中发现更多的问题，之前的设想只是一个理想状态罢了，理想与现实总是存在差距，我们不能总停留在理想状态下，强硬地要求学生改变成我们希望的样子，这只能是强人所难。

《伊索寓言》里有一个故事，螃蟹妈妈对儿子说："你怎么能横着走呢？如果直着向前走，不是更轻松方便吗？"螃蟹儿子的回答则是："亲爱的妈妈，虽然您说的一点没错，可如果您能给我示范向前直走的样子，那我一定会按照您的样子来走路的。"

不管是作为家长还是教师，如果自己做不到的事情，却还要求孩子去做，这只能让孩子越来越难受，也越来越不服气。尤其是有些教师还会在不经意间就用"我是教师，我说什么你都得听"的态度来要求孩子，这也相当于我们在给自己的教育工作"自掘坟墓"。君子之风，是"求己不求人"的，察己正己，让自己有好的表现，当学生表现不好时，先检查是不是自己没有做好，如此一来也就不会招来学生的怨恨了。

而且，当我们不断进步的时候，学生也会意识到我们的改变，相比较强迫，他们会更喜欢这种润物细无声式的影响。学生也都有向善性，当教师有好的表现时，他们自然会想要学习、模仿。只有这样的影响才不会让学生产生反感，因为这是发自他们内心的渴望。

28. 掌控情绪，才能掌握未来

心理学指出，人的情绪指数 = 实现值 ÷ 期望值。实现值越大，人的情绪指数越高，情绪也就会越好；反过来，若是期望值越大，人的情绪指数越低，也就越难以保持情绪的稳定。很多人的情绪之所以暴躁，多半都是因为期望值太大了，实现的可能性太小，结果情绪变得就好像爆竹，一点就炸。

很多教师也是如此，总希望通过自己的努力，就能改变学生，希望通过自己的奋斗，能带出一个自己理想中的班级。但是，不管计划得多么好，拥有无限发展可能的学生们总会因为各种各样的事情而将教师原本的希望"扭曲"甚至打碎。尤其是一些年轻教师，满怀雄心壮志，很容易就被现实击垮，结果坏情绪也就在顷刻间爆发出来。

一个年轻教师是高考状元出身，毕业于名牌大学，被一所重点中学高薪聘用后，他便一直憋着一股劲，觉得自己一定能带好班级。可是在一次考试中，班里的学生发挥失常，这让争强好胜的年轻教师觉得很没面子，每天郁郁寡欢不说，还变得情绪暴躁，动不动就对学生发脾气，以至于后来竟然还患上了抑郁症。

教师不能控制自己的情绪，无法保持情绪的稳定，特别是那些因为学生的问题而形成的坏情绪，这只能给学生留下坏印象，造成坏影响。有些教师会毫不顾忌地对着学生发火、动怒，这不仅会给学生带来心理伤害，同时也会让学生感觉到教师的惶恐与无能，看到一个心胸狭隘、没有气度的教师，他们对教师的好感度也将直线下降。

而且，教师每天的工作如此繁忙，我们难道要将大把的时间都耗费在闹情绪上面吗？那岂不是烦恼越堆越多？若是连自己的情绪都掌控不了，连自己都控制不了，面对其他事情也就更加力不从心了。所以，繁忙的教师还是学着好好控制自己的情绪吧！

第一，以宽容的心态来看待学生的问题。每个学生在成长的过程中，他们犯错、出问题、闯祸都是不可避免的，没有哪个孩子会一路没有波澜地成长。所以从某种意义上说，学生有问题也是自然的事情，这并不足为奇，何必对这个事实如此较真？

此时倒不如将心比心，劝说自己用宽容的心态来面对学生，不要和学生一样幼稚地去生气，这样怒气总会慢慢消散，而心平气和地且巧妙地解决问题的教师，才是最能赢得学生尊敬的。

第二，对学生也要设立一个合理的期望值，以免自己"期望过高，反而失望太大"。有位教师说，每次备课时都设想得非常好，认为学生们会兴致勃勃，课堂上也会热闹欢快，下课后孩子们为了弄清楚问题而问个不停，等到考试的时候能看到他们对知识的理解，可现实却完全不是这么回事，学生们对上课没有热情，课堂沉闷无趣，下课更是没人问问题，考试的时候简直就是一团糟。现实与期望差距太大，教师的情绪几乎会一触即发。不仅是对学生的期待，有时候教师对自己的期待也过高，不管是职称评定还是讲课比赛，总会有失败的情况出现，情绪自然也就好不到哪儿去了。

感到失望的时候，我们应该先考虑这样一些问题："自己的能力是怎样的？期望现实吗？"其实很多时候我们都是高估了自己，忽略了实际，才导致失望倍增的。所以不管是对学生还是对自己，都要根据实际能力来确定合适的目标，发挥学生和我们个人的特长，这才能将失望变成希望。

第三，有些人的情绪来源于嫉妒和愤恨，他人的好对自己来说就是一种折磨。这时候不如多想想这样一个事实："天下只有一个我，我为什么不努力取得好的成绩，却偏要一脸不爽地看待他人努力取得的成绩呢？"如果能这样想，嫉妒愤恨的情绪是不是就少了许多？很多教师看着别的教师取得那么好的成绩，内心总会有不平衡感，这就是一种无能的表现。这时候，多想想自己担心的是什么，想想自己能做到什么，与其在这里看着别人羡慕，还不如当下就开始努力，将注意力拉回到自己身上来，不要分散心思，这种不爽的情绪也就自然消除了。

第四，很多教师的自豪感会随着时间的推移而渐渐被消磨，剩下的就只有辛苦劳累。这样可不行，既然已经决定要做教师，那就要为这个职业而感到自豪。虽然教师是清贫的，有些人也觉得教师就是个辛苦的职业，工资不高，成就也没有那么明显，但是教书育人的神圣感却是其他职业所不能及的。何必为那些身外之物而感到难过？我们也有自己的优点，多做一些客观的分析，挖掘自己的潜力，不断前进，就总会取得让自己感到骄傲的好成绩。

29. 行有不得者，皆反求诸己

在工作中，教师肯定会遇到各种各样的问题，但是有的教师"行有不得"的时候，总是会习惯性地将眼光往外放。比如，班里总有学生不听话，那一定是学生的问题；别的教师带的班比自己带的班各方面表现好，那也是那个班的学生比自己班的学生好；别的教师能取得"优秀教师"的称号，那是他运气好，跟领导关系好，而自己运气不好，关系不行，不然的话，自己肯定也没问题。总之，一旦"行有不得"，那问题一定在别人那里。

可实际上呢？学生不听话，也许就是我们没有找到学生问题的病根，是我们的关注度不够；学生的表现不如其他班级，那也可能是我们的教育方法不对；自己没有评上职称或者获得荣誉称号奖项，其实不过是自己不努力，与运气又有什么关系呢？与别人又有什么关系呢？自己能力不足，机会就算摆在面前恐怕也是没办法把握住的。

其实很多问题都是这样的，原因一定不止一个，就看我们怎么去找，是只注意找客观原因，还是能想到也有自己的主观原因在其中呢？

孟子曾说："行有不得者，皆反求诸己。"面对人与事，凡是有不如意的地方，有不妥当、不顺利的地方，都不要急着怪别人，更不要怪外界的环境，而是要先反躬自省，反思自己哪里出了问题。这才是解决问题最明智的方向。其实，出现这些不顺，都是由自己造成的。而且，"各自责，天清地宁；各相责，天翻地覆"，只看自己的问题，纠正自我是容易的，若是指责他人而为自己辩驳，那一定会引发更多的辩驳与争执，难怪会天翻地覆。这一点，为人师者可以认真思考，对照自己经历的种种，看能否得出这个结论。

如果是关于学生的问题，那么我们就要好好看看自己，教师其实也是在教育过程中不断完善自我的，也会发现自己有各种各样的问题，有时候要求学生做到的自己可能都还没有做到。所以当学生出了问题，教师也应该反过来好好问问自己，好好检查一下自己，看看是不是自己也出了问题，或者就算没有犯学生犯过的错，是不是也在与此有关的内容上有了什么过错。反求诸己，是对自己的一种完善，而学生也都是有眼睛、有思想的，他们也会发现教师的变化，当教师都在努力改正自己的错误时，他们也会心生完善自我的想法，那时候也就不用教师去催促了，他们自然就会改正。

同时，也要好好改进一下自己的教学方法，虚心一些，向优秀的教师、老前辈们好好求教一番，从他们那里获取更好的经验，检查自己的不足，并在日后循序渐进地改正，逐渐找到自己的节奏。对症下药，岂有不药到病除的道理？

假如是关于自己的问题，那就更应该从自己身上找原因了。如果是自己不够努力，那就多花费一些心思和时间；如果是自己本身已经做错了，那就赶紧想办法改正。当然不排除有时候会遇到一些意外情况，可这也不说明什么，换一种想法，"时候未到而已"，在自己可掌握的时间里尽全力完善自己，不留多余的时间去胡思乱想，不把大好的精力用在猜疑、钩心斗角上，一心向善、行善，不违德行，本分工作、好好表现，自己有了足够的付出，又怎么可能看不到回报呢？

如此看来，问题当前，是不是反求诸己比较靠谱？因为自己的一切自己都很清楚，改变自己也比改变他人更容易。

30.士不可以不弘毅，任重而道远

"士不可以不弘毅，任重而道远"，这句话出自《论语·泰伯》。意思是：君子不可以没有远大的志向，必须要意志坚强，因为他肩负重任。简单来说就是，一个君子，必须要有宽广、坚忍的品质。作为教师，我们也一定要有远大的志向与坚韧的品质。

教师的责任重大，有一位教师曾经说："教师，是一个岗位、一种职业，但更重要的是一种责任，一种为人师表的责任，一种以教师的理想、智慧、激情和魅力影响学生一生的责任。"有这样重要的责任，教师必须要有宽广、坚忍的品质，因为这份职业很清贫，需要不断地备课、说话，需要不断地揣摩学生的心思，需要不断地解决学生的问题。若是没有强大的责任心，没有宽广的胸怀与坚忍的毅力，很难坚持下去，更别说要把这份工作做好了。

教师的职业充满神圣感，需要无私奉献，所以我们必须要带着责任心去热爱本职工作，必须要劳而无怨，还要苦中作乐，这样才不负那道远的重任。

首先，教师要能耐得住寂寞。

从某种意义上来讲，教师在很多时候的工作都是需要独立完成的。就拿讲课来说，教师先要独立完成课程备案，然后再讲给学生听，而对于学生的提问，尤其是当堂的提问，也要靠自己的智慧和思想来予以解答。如果是班主任，那么要考虑的事情就会更多，而且很多时候也是要靠自己来想办法解决的。很多时候，教师需要自己备课、自己思考，不会像其他工作那样，可以几个人聚在一起，集思广益，团结协作。但也正是因为自己努力，所以责任也就更为重大，更需要无怨无悔的付出。

就算是有了其他人的帮忙，最终也还是要靠自己去面对。而且自己的这番辛苦，他人也许会不理解，最终只能自己继续努力。

其次，教师要能耐得住清苦。

绝大多数的教师都是清苦的，付出不少，工资却不高，而且大把时间被占用，吃饭睡觉可能都不规律。遇到需要帮助的学生、同事，绝大多数教师也都会毫不犹豫地伸出援手，这样的生活是那些追求更多利益回报的人所不能想象的。

但为了实现自己在教育工作上的大志向，教师就要耐得住清苦，不要根据利益回报来决定自己做多少事情。多想想自己做的事情是不是对得起自己的良心，自己在教育上的付出可是无价之宝，而自己因此收获的良心与德行，也是金钱所不能衡量的。

再次，教师要能耐得住诱惑。

孩子是每个家庭里重要的存在，为了孩子能上好学校，能跟着好教师，甚至是能当上班干部、能坐个好座位、能有个好同桌，家长们会想方设法去达到目的，这些时候教师也将面临极大的诱惑。但教师却不能伸手，一旦伸了手，那从道义上讲，这个教师就已经是不合格的了。

不要随便就为利益所动，那些身外之物是我们德行培养道路上最大的障碍，也是实现志向道路上的岔路指示牌。做教师最重要的是要对得起自己的良心，为学生奉献是教师的职责，用正气影响学生也是教师的本分。所以要培养自己抵御利益诱惑的心，要坚守道德的底线。

最后，教师要能耐得住等待。

教师不是一个立竿见影的工作，不是说今天教了学生，明天他就成才了。教育是细水长流的，需要反复地传授知识，需要不断地答疑解惑，需要不断地增加练习，还要促进学生的自我思考与创新，经历无数次的错误与改正错误，经历无数次的巩固、复习与琢磨。要看到学生成才，是需要等很久的。

所以，急功近利的心思绝对不能有，教师要有足够的耐心，对学生要不急不躁，要有重复多遍、反复准备，更要有推倒重来、纠错改正的心思。就好像种树，不仅不能揠苗助长，还得浇水、施肥，到时候了还要捉虫、修枝，一点都马虎不得，如此再过若干年，才能长成参天大树，而不经历这个时间、这个过程，小树是不可能成为栋梁的。

总之，教师有不可推卸的教育责任，没有宽广的胸怀、坚忍的意志，是无法实现自己的梦想的，也是无法回应学生的期待的。要看到自己的成功，要看到学生的成就，就要有铁杵磨成针的耐性。

31. 过能改，归于无，倘掩饰，增一辜

有一位体育教师，一次上体育课时教学生们做"打手"反应游戏，但是有一个男生一直站在一旁，就是不参加游戏。教师一问原因，男生却说自己不想做，还顶撞了教师，教师一气之下让他回班反省。

事后，有学生告诉体育教师，这个男生的手有些问题，手指伸不直，所以他不想参加这样会直接暴露他残疾的活动。教师恍然大悟，这才意识到是自己冤枉了那个男生，只顾着自己当时的面子，而没有详细了解原因，于是，教师赶紧找到了那个男生，当面向他道歉，师生二人很快冰释前嫌。

人非圣贤，孰能无过？即便是教师，也有犯错的时候。犯错不可怕，可怕的是犯错之后的第一反应依然是错的。有的教师犯错之后的第一反应是为自己推脱责任，接着便是想尽办法掩饰，殊不知这样便是欲盖弥彰，反而越遮掩越糟糕。

《弟子规》提到，"过能改，归于无，倘掩饰，增一辜"。意思是，如果知错就改，那错就归于无了，可如果想着掩盖过去，那就是错上加错。这可是教孩子的道理。孩子尚且能明白这样的道理，对于已经有成年人思维的教师来说，知错就改难道不应该是早就明白的道理吗？

所以，前面这位体育教师的做法是正确的，不为自己的过失找借口，快速意识到自己的错误并及时更正。显然这位教师的威严并没有丢失，而他的知错就改与善解人意，也一定会获得学生的尊重。

作为教师，我们必须要知道并且牢记这样几个重要的事实：如果是新教师，一

定会有很多事情不了解；就算是老教师，也不是什么都懂；这世上根本就没有万事通；知错就改是面对错误的唯一办法。

人无完人，即便是再好的教师也会出错，但是真正称职的教师会诚恳地为自己的错误反省并改正，由此积累经验教训，以期在未来更好地表现，而不称职的教师会一直为自己的错误找借口，千方百计地掩饰，结果不仅让事情越发糟糕，自己也将逐渐失去学生的尊重。可是，在一众学生面前犯了错误还要认错，这对有些教师来说不是那么容易的事情，若是不小心犯了错误，教师到底应该怎样表现呢？

首先，对于自己犯了错的这个事实要有清醒的认识，犯错是不可避免的，虽然自己一再小心，可是总会有疏漏的时候。如果是自己发现了错误，一定不要心存侥幸，不要逃避这个事实。如果是学生首先发现了我们的错误，那此时就更要注意了。有的教师会在这时候觉得很羞怒，然后下意识地就去维护自己。其实换个角度想想看，我们只能做到尽量保证不出错，却并不能杜绝错误，犯错再正常不过，与身份无关。这样多想想，也许就不会那么纠结自己教师的身份了。

其次，自己发现犯错，基本上都是对错误已经有所了解了，也就能知道应该如何去改正；如果是学生指出来的错误，则要想方设法去了解这个错误，深刻反思，好好搞清楚错在哪儿，为什么错。

如果是知识性的错误，要搜索相关资料，将自己没有搞明白的地方好好弄明白。多学习总是正确的，向指出错误的学生学习也是个好方法，虚心的表现也能换来学生的好感。如果是在处理学生问题上出了错误，那就好好了解事情的真相，与学生多沟通交流，看看到底是什么行为与心理才导致自己犯了错。也就是说，错也要错得明白，不能稀里糊涂地被人指出错误就认了错，否则也不利于日后的改正。

最后，知错就改，这是犯错之后唯一正确的道路。改正的同时，我们也应该为自己的错误道歉，而不是想着怎么把错误掩饰过去。不过，有些教师的道歉是缺乏诚意的，很随便地说一句"我的确不对"，可接下来就又开始找学生的问题，将自己的错误大事化小，最终反倒成了批评学生。

道歉要真诚一些，承认错误并不需要过多的解释，错了就是错了，别给自己找一堆借口，否则便会让学生觉得教师是在掩饰自我。对学生道歉要认真一些，专心表达自己的错误原因，并做出改正就好。当然，有的教师非常有智慧。比如有位教师讲课时出了错，学生指了出来，教师虚心地问："你们觉得应该怎么改？"结果学生们畅所欲言，教师巧妙地肯定了学生的质疑，同时也顺利地将课程继续引导了下去。

有的教师觉得不好意思，生怕学生就此变得不信服，其实这种想法完全是多虑。李镇西教师说："向学生认错，只会赢得学生真正的尊敬。"也就是说，德高望重者比位高权重者更能赢得他人的尊敬，若想要教育学生懂得知错就改，那么以身示范的教师一定会成为学生学习的好榜样。

32. 苟日新，日日新，又日新

《大学》中说："苟日新，日日新，又日新。"意思是，如果能够保持一天的除旧布新，那就要保持天天能做到如此，持之以恒，不间断地更新再更新，也就是要不断地保持完善自我，每天都要有新收获与新进步。

对于教师来说，不断更新自我是必需的，因为教育本身就是一个活的过程，每天都会有新的知识、新的理念在等着我们去挖掘。如果我们没有更新的概念，就好比是一只永远不换水的木桶，只是死守着自己的那一桶水，时间久了，除去不断向外舀水的原因，就算只是风吹日晒，也总会有桶干的那一刻。

有一位教师就遇到了这样的问题，他已经有 10 年教龄了，在刚做教师的时候，他满足于自己比学生懂得多的现状中。可是随着时间的推移，他却渐渐发现，做教师越来越难了。因为他感觉到，学生们有时候说的话他听不懂，而且有些学生在某些领域的知识积累也慢慢超过了他，这让他越发没有自信，并且渐渐不知道应该如何应对了。

这位教师就面临着一个需要自我成长的问题，总是因为自己是教师，便默认自己比学生知道得多，殊不知学生的成长远快于我们的估计与认知。如果身为教师的我们放弃了自我进步，固守过去的积累，那一定会被学生的成长所超越。

现在的社会发展迅速，学生们获取知识的渠道已经不仅仅是课堂了，他们会借助互联网以及外界的各种资源来满足自己的好奇心，并将自己感兴趣的知识不断塞进头脑之中。如果我们一直抱有"教师就是比学生懂得多"的错误想法，那么我们迟早会被学生超越。毕竟学生可是在不断学习的，而我们的学习却无人督促，也不会有人命令、强迫，完全靠自觉，只有"日日求新"，才可能去主动学习更多的东西。

说到学生的飞速进步，有的教师觉得"学生比自己懂得多"这件事很让自己没面子，但是韩愈早就在《师说》中说过，"弟子不必不如师"。而也正是因为如此，我们才不得不日日更新自我，以保证自己时刻在进步，不会被学生落下。

教师也应该明确一点，自己并不是全知全能的，所以一定要有成长的渴望，要对成长有内在的需求，在有限的时间里不断地追求进步。最好时刻提醒自己，要学的东西还有很多，即便是自己已经学会的知识，也还是有完善的可能的。

还要意识到这种学习并不是短期就能完成的，而是要有终身学习的打算，并且不断地向书本学、向前辈学、向实践学，还要放下身段来向学生学习，一切可能带来知识积累的渠道都不要放过。越是认真学习，我们也就越会意识到需要学的东西还有很多。

有一个事实必须要明白，我们永远做不到事事都比学生强，而且随着年龄的增长，我们的精力也将远远比不上学生。所以，每位教师都应该努力成为有特点、有个性的专业型教师、研究型教师，没必要处处都想要与学生较劲。我们的目的是提升自我，让自己能每天都有新进步。只要是有原则、有德行的好人，再有那么一两门专攻的研究方向，而且孜孜不倦，永不放弃学习，这样的教师就足以让学生尊重了。

最后，不断更新自我是一个漫长的过程，所以不要太浮躁，不要太着急，多贴近一下时代，多读一些好书，保持一颗安宁的心，在远大志向的指引下，我们就可以每天迎接一个全新的自己了。

33. 积善之家，必有余庆；积不善之家，必有余殃

人之初，性本善。但随着成长，当人已经不再是初时那么弱小懵懂的时候，这个善是不是还存在便也成了未知数。为什么说不确定了？因为"性相近，习相远"，有的人会积善，有的人却不会，积善的人善心常存，而不积善的人，可能就会变得命运多舛。《易经》里提到，"积善之家，必有余庆；积不善之家，必有余殃"，这话是有大道理的。

曾国藩曾指出："思古圣人之道莫大乎与人为善。以言诲人，是以善教人也；以德薰人，是以善养人也：皆与人为善之事也。……仲尼之学无常师，即取人为善也；无行不与，即与人为善也；为之不厌，即取人为善也；诲人不倦，即与人为善也。"积善、行善、与人为善，便是圣人之道，足见行善的重要性。

教师这个职业本身就是向善做好事的职业，最初选择这个职业，已经代表着我们是有善心的，因为我们要付出心血，付出时间与精力，向人传授知识，传授做人的道理，传授美好的德行，所以说教师这个职业本身是值得我们付出的。不过，有些教师却可能陷入困惑和不安，并没有感到有什么喜悦，反而觉得工作劳累不堪，那些学生的问题也让自己的生活变得一团混乱。如果是这样的感觉，那就需要我们从自身开始检查了。

首先看看，之前我们积善了吗？对于教师，工作职责便是教书育人，但只是干巴巴地教书，只是讲解大道理小道理，还不能算是在积善，毕竟这些都可以算在工作范围之内，做到了是本分，做不到是失职。对教师而言，我们要做到的善是渗透到工作与生活的方方面面，而且无论事情的大小。

比如，对学生是不是犹如对待自己的孩子，有没有把他们的喜怒哀乐、冷暖疾苦都看在眼里，当学生有了困难我们是不是发自真心地想要给他一些帮助，有没有尽自己的能力去挽救一个学生等。除了对学生，还比如在平时生活中，我们是不是对自己严格要求，能不能做到自律，是不是做到了不论何时何地都能为人师表，是

不是潜心教育研究，对家人好不好，尤其是对父母是不是有孝心，有没有公德心，对家人以外的周围的人是不是有关爱之心，对这个社会上需要帮助的人有没有一颗助人、奉献的心等。

积善是一件长期且没有时间限定的事，教师要为人师表，就应该养成积善的习惯，而经常做善事，教师内心也会变得平静，这无疑更有利于教书育人的工作。对于自己能做到的正确的、好的事情，我们要坚持做下去，没有做到的地方也要尽快好好做。不管是小善还是大善，做善事是最能让人安心和愉悦的。

接着，我们就要看看之前自己有没有积不善。有人说，我不做坏事。的确，没有人会毫无原因地就去刻意做坏事。可是这里所说的"不善"，并不仅是指那些偷盗抢劫之类明确的坏事，还是那些在我们不经意间便做了的事。

比如，不注意关水龙头，让水资源白白浪费；吃饭的时候吃不完，随手丢弃剩饭，尤其是吃自助餐时；住宾馆，故意多用一些水电、一次性洗漱用品；坐公交车，故意对老人视而不见而不让座；因为一点小事，便小肚鸡肠地与人争吵不休；因为自己烦闷，便对家中父母严词厉色；因为自己情绪不好，而将火气发泄到学生身上；指使学生为自己办私事；接了学生家长的红包；弄虚作假应付上级检查；等等。很多事可能都是我们一时冲动做下的，有时候也许又是根本没意识到，还有时候则是存在侥幸心理。

平时我们一定要格外注意自己的言行举止，尤其是对于教师，很多坏习惯一旦养成，那么受损失的不仅是我们自己，更重要的是学生也会跟着我们开始积累属于他们自己的不善，这对于我们来说也是一种最大的"不善"积累了。

不过，对于什么是真正的善恶，我们还是需要做一番辨别的，而不能只看表面，不能想当然地判断是善还是恶。

有本书讲了这样一个观点：如果对"善"辨别得不清楚，有时候以为自己是在做善事，其实是在造恶。里面提到：善有真，有假；有端，有曲；有阴，有阳；有是，有非；有偏，有正；有半，有满；有大，有小；有难，有易。

如果想法、念头、言语都是有利于他人的，这个善是"真"；如果都是为了自己，这个善是"假"。

处处为他人、为家庭、为社会着想，不夹杂丝毫的个人私利，这是"端"；内心不端正，处处为自己着想，这是"曲"。

做了好事不被人所知，这个善是"阴"善；做了好事被他人知道，这个善是"阳"善。

如果行善的影响面很广，影响的时间很长，这个善是"是"；如果行善的影响面很小，影响的时间很短，这个善是"非"。

做好事、善事，就是"正"；做坏事、恶事，就是"偏"。如果以好心做了坏事，称为"正中偏"；如果以恶心做了好事，称为"偏中正"。

一心为善，而内心没有任何杂念，这个善是"满"；内心有杂念，即使做再多的善事，也是"半"。

一心为天下国家，这个善是"大"；一心只为自己，这个善是"小"。

哪怕行善遇到再多的困难，也能坚持去做，这个善是"难"；具备行善的条件，做善事容易，这个善是"易"。

总之，要多积善，不积不善，改正原有的坏习惯，纠正以前的大小错误，知错就改也算得上是一种善了。教师这个称呼对我们来说也应该是一种鞭策与约束，让我们时刻提醒自己不管是生活还是工作，我们身边都有许多双眼睛在看着，为人师表总归要做出个真正的样子来，才对得起学生和把他们托付给我们的诸位家长。

34. 早日做到"语善，视善，行善"

前面提到了为人当积善，做教师更应该积善，不过要做的善事很多，在有些人看来这是很麻烦也很具有约束力的表现。其实总结来看，我们日常所要求做到的"善"，不外乎就是"语善，视善，行善"。

《太上感应篇》中说："故吉人语善、视善、行善，一日有三善，三年天必降之福；凶人语恶、视恶、行恶，一日有三恶，三年天必降之祸，胡不勉而行之！"意思就是，勉励力行众善的人们，因为他说的话是善的，所看所关注的也是美好的事物，且做了许多善事，可以说一天之中，他便做了这三件善事，如此若是能坚持三年，他的善行也就圆满了，他一定会因此而得福；而那些常年作恶的人，因为总是说坏话，过分关注坏的事物，而且行为恶劣，一天下来总是做这三恶，若是如此三年下来，他也就到了恶贯满盈的地步了，而他也一定会因为自己的恶行而受到惩罚。既然如此，我们何不勉励人们力行众善，以期待能够转祸事为福事？这跟《易经》上说的"善不积不足以成名，恶不积不足以灭身"的道理是一样的。

语善、视善、行善，要细说起来这三善与教师可真是联系紧密。教师说话多，语善是必需的；教师要教育学生，因此也要多看美好的事物才能将这份美好教给学生；教师是学生的榜样，只有教师自己先有好行为，学生的表现也才能受到正向的影响。

语善。教师的大部分工作内容都要靠语言来完成，如传授课程知识、讲述人生道理，聊天、沟通、谈心、训诫等，说教师是语言工作者一点也不为过，而正因为是语言工作者，所以教师的语言便具有很重的分量，一旦说错，那么语恶的程度可就要比普通人严重得多了。

比如，有的教师在教育学生的时候采取的是辱骂的方式，虽然一副恨铁不成钢的样子，好像是在为学生担心，但总是说这种恶言恶语，对学生也是一种心理伤害。有的教师因为自己学识浅薄而教授错误的知识，并在学生质疑时反倒训斥学生无知，这也是在误人子弟。还有的教师上课说话还算正常，下了课便胡言乱语，再没有了为师的斯文，这也同样是语恶的表现。

教师要管好自己的大脑，管好自己的嘴，多钻研一下专业，以免讲出错误的知识，对待学生也应该真诚而温柔，不要恶语相向。不管是面对学生还是背对学生，言语都应该是善意的。多鼓励学生，多给学生希望，良言一句三冬暖，不要吝啬自己口中的好语言。

视善。看多了美好的事物，心灵自然是愉悦的，整个人的思想也就会变得美好；

相反地，若是总关注黑暗负面的东西，那么人的内心也会被这些黑暗负面所吞噬。教师更要多关注真善美的东西，因为教师要传授给学生的就是真善美的知识，不要总对学生摆出假恶丑。学生的思想是慢慢成长的，我们需要给他内心建立起足够分量、足够强大的真善美的原则理念，才能让他意识到世界是复杂且多面的，而不能刻意让他去接触这些假恶丑。

所以，教师自己平时就要多接触真善美的书籍、影视作品以及其他相关内容，也要多向学生们推荐好的东西，鼓励学生们跟着自己一起多看真善美的东西，保证自己视善的同时，也要让学生们做到视善。

行善。作为教育学生的榜样人物，教师行为的好坏，对学生有很大的影响。还是那句话，教师这个身份对我们就是一种约束，这约束让我们必须要行善，而不能行恶，一旦行恶便要立刻改正。同时也提醒着我们要多多做善事，不管是对待学生还是其他人，从日常小事做起，养成多行善事的好习惯，多积善必然有余庆，何乐而不为？

35.珍惜福气，做到两点：知足和勤俭

从金钱利益方面来看，教师是一个清贫的职业，教书育人需要付出大量的时间和精力，但劳动所得却并不能被归为高收入。尤其是农村、边远地区的教师，其收入就更是少得可怜。但是，从精神利益方面来看，教师却比任何职业都富有。经过自己的悉心教育，一批又一批学生学成离开，到外面的世界去闯荡，并获得或大或小的成功，把教师的美德继续传承下去。这样的桃李满天下的收获，可是价值无穷的。

很多教师似乎只注意到了现实的金钱利益，却忽略了内心的精神利益，一些教师因此而产生了不知足的心理。可事实上，一旦这样做了，那么教师原本的圣洁也就受到了污染。

教师要珍惜自己的福气，其实并不需要多么复杂的行动，只需要做到两点就足够了，那就是知足与勤俭。

所谓知足，就是教师要对自己当下的生活工作情况不苛求，要将更多的心思放到提升自我与好好教书这两方面上去，不过分关注自己挣了多少钱，也不总是眼红他人的富裕生活。尤其是年轻教师，在与同学或朋友交往的过程中，可能会发现周围人的生活水平比自己高，有的教师因此就不安分起来；还有的教师会因为别的教师比自己工资多或者比自己奖金拿得多而表现得不淡定。这些其实都是身外的利益，多多少少都不是绝对的，越是这个时候我们才越不能苛求，否则就会被利益所困扰。

此时，倒不如问问自己，我做了多少工作？我是不是问心无愧？我是不是真心在对学生好？有没有让学生从我这里受益？如果这些答案都是正向且肯定的，那么钱多钱少也就真的不是什么问题了，我们做到了无愧于心，就已经足够让自己感到知足了，而只有知足，才不会对利益过分追求，有些东西不苛求反而就会自然到来，因为我们努力，因为我们对工作认真负责，因为我们一心为了学生而辛勤劳动，好的表现也会换来好的回报，求而不得的东西在不求之后反而会意外降临。这也就是自古至今人们常说的"知足常乐"，教师就应该做知足常乐的人，这样才能让自己将更多的心思放在教学上。

再多说几句，人人都想富贵。可是，什么是富贵？道理很简单：知足者富，人敬者贵。当我们内心很知足时，我们就是富有的；当我们做好本职工作受人尊敬时，我们就是高贵的。如此，我们就是富贵之人。

所谓勤俭，就是勤奋、节俭。对于教师来说，奢侈浪费都是有违教育本身理念的表现，而这种行为其实就是在消耗自身的福气，这也是一件很危险的事情。教师原本是很有福气的，因为在做教书育人的好事，在不断提升自己的德行，并将这些传承给更多的学生，这本来是积攒福气的行为。可如果我们不懂得勤俭，吃喝玩乐，很随意地挥霍金钱和精力，浪费粮食，很快我们就会连最基本的生活都变得困难起来，而当生活有了问题，我们又怎么可能有足够的精力去应对工作？有人说，挣了钱就是要好好享受的。享受没错，可不是指那种毫不在意地肆意挥霍。教师的确有享受生活的权利，但是这种享受也要有意义。多读读书，多四处走走看看，多找地方、找机会学习，多培养自己有意义的兴趣爱好，这样的消费才会让人更充实，可以带给人发自内心的愉悦，而且会让自己的福气不仅保值也会增值。

所以守住自己的福气，最好的做法就是知足与勤俭。不苛求不属于自己的东西，但也不浪费已经属于自己的东西。做到这样两点，我们也就都能成为一名幸福的教师了。

36. 保持健康的生活方式，拥有好心态

在很多人的印象中，教师的生活多半都是不规律的，早起、晚睡，中午也不休息，一日三餐不定时、不定点，有了机会就狼吞虎咽地赶紧吃完，以免耽误时间，若是没有吃饭的时间就只能饿着肚子，直到忙碌过去，才凑合着扒两口饭。每天不是站着讲话，就是趴在桌子前备课、写教案，教师的身体健康状况令人担忧。不仅如此，教师多半都没有足够的锻炼时间，身体的僵硬、劳累也得不到缓解。再加上各种大事小情也会对教师的心理产生一定的影响，繁重的课业工作和学校工作，有时候更会压得教师喘不过气来。

综上种种，很多教师便陷入了一种身体不好、心情也不好的状态。而这样的状态会让人变得劳累、烦躁起来，不仅没心思继续学习、好好工作，更没有那么清净的内心去修身养性了。

教师需要的是敬业，但并不需要毫无节制地埋头苦干，更不需要以牺牲自己的健康来换取工作的成绩。相反地，花一点时间来安排一个健康的生活方式，让自己保持一个健康的身体，并由此有一个良好的心态，这样不仅生活轻松，工作起来也会更有劲头，而这种愉悦和上进的心态，自然也会让我们有更多的空闲时间去培养更好的自己。

所以，腾出一点时间，好好给自己的生活做个规划，然后改变旧有不良的生活习惯，做一个健康的好教师，给学生们带去更多的惊喜和感动吧！

首先，要调整自己的作息习惯，前面已经提到过要合理安排自己的工作时间，在工作时间里不要放松，将所有能做的事情都在工作时间内做完，以保证自己在下班之后不需要加班。只要不加班，晚上就不会睡得太晚，也就耽误不了早起，早睡早起是一个不错的好习惯。

其次，要调整饮食习惯，狼吞虎咽和饥一顿饱一顿以及不按时吃饭都不是好习惯，一定要改。这其实也与我们的工作习惯有关，如果确定好了工作内容和进度，就要按照计划执行，不要拖延，即便有了临时计划也方便调整安排，而到了该吃饭的时候，不要光顾着手头的工作，最好先停下来，填饱肚子再继续。

养成细嚼慢咽的好习惯，一口一口地吃，而不是向嘴里倒。多吃清淡健康的蔬食，干稀搭配，营养均衡，不要委屈了自己的身体。少吃零食，多准备温水，保护好自己的嗓子与胃，不仅能保证摄取更多的营养，还能帮助自己强健身体。

解决了吃饭的问题，然后便是锻炼。很多教师太缺乏锻炼，不要总找借口自己很忙，很多锻炼时间其实都被我们浪费了。比如，如果家离得近，那么上下班可以走路或慢跑；如果有楼梯，那就爬上去而不是坐电梯；遇到休息日，也不要赖床，去骑行、游泳、打羽毛球，这些都是很好的锻炼方式。另外，要学会在工作间隙给自己放松，简单的肢体运动会让僵硬的身体得到缓解。

最后，也要养成良好的睡眠习惯，准备睡觉了就不要再想其他事情，睡前可以看两眼书，但不要捧着手机或平板电脑玩个不停，让眼睛与大脑都得到充分的休息才是正理。

还有一点，那就是要养成健康的兴趣爱好，读书、下棋、游泳、养花等。教师的职业特殊性让我们需要好好规划业余时间，选择安静一些的、不刺激的活动，更能帮助我们安抚身心。另外，多交一些志同道合的朋友，与朋友们在一起聊天畅谈或者一起运动也是不错的放松身心的方法。

第四章

学习成长——教师永远的一堂必修课

　　教师对学生的教育是在掏取自己知识储备的基础上进行的，储备越丰富，教育也就越得心应手、胸有成竹且应对自如。但显然这种储备不是一次性就能实现的，所以教师若想要在教育的路上走得更远，便需要不断学习成长，丰富储备，这是教师一生的必修课。

37. 要爱上读书，读书是一种生活

苏联教育家苏霍姆林斯基说："真正的教师必是读书的爱好者。让读书成为一种习惯，是教师的一种责任、一种情怀、一种追求。"这句话对所有教师来说都很重要，因为要学习、要进步、要成长，读书是最基本也是最重要的一种方法。

从基本意义上来看，读书是可以让教师积累更多知识的。

读专业书籍，其中提到的教育理念、内容、方式，都是对教师在教育工作上的指导与提示，会帮助教师从理论高度来理解自己的职业特点，理解自己的职业思想，也会让教师从前人的教育总结中学习经验，规避错误，并能让教师沿着正确的教育理念前行，继承并发扬正统的教育传统。如此一来，不仅能帮助教师提升职业素养，同时也是对学生的负责。

读非专业的书，则会拓宽教师的视野，书的世界包罗万象，书的种类也百千万种，不管是感兴趣的还是与课程有关的，拿来读一读都没有坏处（当然，前提是读健康的书），增加知识的积累终归对人是有好处的。想想看，读了这些书，头脑中

有大量的知识储备，讲课的时候能够讲出非专业领域的内容，岂不是更能吸引学生的兴趣和注意力？而且，这类书比起专业书来说更为有趣，也是我们生活的一大调剂品，读这类书是再好不过的休闲方式。

从更深层次的意义上来看，读书便是对教师的心灵、情怀、思想的一种陶冶了。

李镇西教师认为，学习是为了让人能够有文化、有层次、有境界。著名教育家朱永新教授也说，教师的读书不仅仅是为了工作，也是为了人生。可见，读书应该成为我们的一种生活方式，而不能只是单纯的为了应付工作，为了应付教育。

宋真宗赵恒在《励学篇》中说："富家不用买良田，书中自有千钟粟。安居不用架高梁，书中自有黄金屋。娶妻莫恨无良媒，书中自有颜如玉。出门莫恨无人随，书中车马多如簇。男儿欲遂平生志，六经勤向窗前读。"书中自有人生百态，书中自有各种所需，可见读书是实现人生种种理想的基础。

其实教师这个职业，是理应与书为伴的，教师就应该让读书成为自己生活的一部分。合理安排好自己的工作时间，闲暇时就读上一两本书。除此之外，课间休息，坐车、排队等待时，这些小缝隙的时间，一样也可以利用起来，哪怕是只读两三页，没准儿其中就会有一两句经典的话语深刻入脑，成为点亮某条思想通路的明灯。

苏霍姆林斯基说，"学生智力活动的状况在颇大程度上取决于教师，取决于教师的素质、爱好、学识和视野，取决于教师带给学生些什么，传授些什么，学生接受了些什么。因此，对于教师来说，最大的危险就是脑壳掏空，精神财富耗尽而无以补充"，"只有当教师的知识视野比学校教育大纲宽广得无可比拟的时候，教师才能成为教育过程的真正的能手、艺术家和诗人"。为人师者，读书吧！

爱上读书的教师，影响的不仅仅是自己，也是一拨又一拨的学生，学生们会跟着教师养成爱读书的好习惯，这便不仅是在教给他们知识了，更是在培养他们良好的且能受益一生的习惯。

38. 让自己有文化力，不能只读教育书

很多教师都奉行"术业有专攻"这样的理念，直接在心里默认这样一个思想——既然身为教师，就应该多读教育书。如果是这样的理解还算不错，但很多教师却将这思想理解得偏激了，成了"只读教育书"。家中的书柜里，满满地全是教育类的著作，各种教育方法、教育理念、教育思想，古今中外应有尽有。可是，只读教育书对教师真的有益吗？

回想一下，我们上大学期间，虽然学的是师范专业，可是我们有没有只是学习教育学？我们是不是还有其他的文、体、艺一类的课程？是不是还有许多选修的课程？是不是也被教师推荐过读各种各样的书？搞清楚这些答案，我们也就应该能得出一个结论了，那就是教师只读教育书是远远不够的，一个人要提升文化力，一定要博览群书才行。毕竟，我们面对的是具有灵活思想的学生，我们要传授给他们成长所需要的各种内容，如果没有更为丰富的知识储备，恐怕连最基本的授课工作都无法完成。

所以，要成为一个具有文化力的教师，用不着强迫自己埋进那些大部头的教育书中，不要抱怨读不懂、读不下去，那只是因为我们接触的书太少了，要打开书柜，放更多的书进来，才能为我们答疑解惑，并拓宽视野。

首先，要读经典著作，古今中外的经典书籍都包括在内。经典事实上也是包罗万象的，从小说到散文，从历史到自然科学，如果有机会最好都读一读，天文、地理、历史、自然都了解一些并不是浪费时间的坏事，这将丰富我们的知识，其中还可能会有与教学课程相关的内容，会丰富我们备课、讲课的内容。同时当我们提及这些内容时，也会提醒学生，没准儿他们也会在这种影响下去接触更多的经典。显然，阅读这类书籍，会给我们的教学带来极大的帮助。而且，经典著作中诸多颇有哲理的话，也是涤荡心灵的名言警句，既能感染我们，更能给学生带去心灵的震撼。

其次，关注学生们愿意读的书。其实阅读这件事，不只是教师能影响学生，我

们也应该多关注学生的阅读意愿，了解他们的关注内容，也翻一翻他们愿意读的书，拉近与他们之间的距离，用他们喜欢的内容中正向的东西去引导教育他们，也是一件事半功倍的事情。而且，如果我们不顾学生意愿强硬地将自己喜欢的东西推荐给他们并要求他们去阅读，这可能会让他们将阅读当成作业或者任务去完成，不带情感、没有动力，这样的强迫式阅读最没有效果。多阅读孩子们之间流行的书，推荐适合他们风格的书籍，根据他们的兴趣爱好来选择相应的经典内容，激发他们阅读的热情，这才更有助于扩展他们阅读的范围。

再次，教师的阅读是要接触到各种各样的书的：要有大部头，也要有报纸杂志；可以是纯文字的，也可以是纯图画的；能看严肃认真的，也能看看休闲娱乐的；纸质的书一定要有，电子书也不是不可以涉猎。

尽管阅读可以变得包罗万象，可我们也要分清主次。一个基本原则就是，我们要将正统经典类的书籍当成主要阅读内容，其他类型的尤其是娱乐八卦、休闲一类的内容，权当是一种调剂，看几眼过去就算了，不要走心也没必要过分关注。

最后，再说回到教育类专业的书籍上来，这类书我们是肯定要读的，可以和其他类别的书一起来读。有些教育专业的书也并不难，只是它可能不像小说等其他书那么有趣，这就要求我们多思考，一些书中的例子可以成为教育书中所提到的理念的最好解释，一些书中的更通俗易懂的联系，也能帮我们更好地理解专业书籍中的高深概念。在读专业书的时候，要慢慢读，其他书中的知识内容此时就是阅读专业书的储备。

另外，阅读专业类的书一定不要有太功利的想法，不要企图从中找到让自己一步登天的绝招，因为那肯定是不存在的。阅读是一个内心沉静的过程，所以好好读就是了，抛开其他复杂且浮躁的心思，不管什么样的书都能读出感觉来。

39. 要去读中华传统经典，并去落实

所谓经典，是指一些具有典范性、权威性的经久不衰的万世之作，是经过历史选择、千古流传的极有价值的具有代表性的作品。世界各国都有经典，它们被一代代人喜爱，并得到了历史的公认，不仅展现了人类在每个时代所能达到的思想高度，同时也用明晰生动的表达方式来充分展现人类的创造力。

一切经典都堪称教育的著作，尤其是中华传统经典。之所以这样说，是因为创造这些经典的人，几乎都是教师出身。孔子、墨子、孟子、老子、庄子、荀子、董仲舒、颜之推、韩愈、柳宗元、朱熹、王守仁、王夫之、曾国藩……细数下来，这些人为后世留下的诸多教育经典，都出自他们在教育过程中的思想、体会、感受，他们无私地将自己的经验奉献出来，用文字的方式记录下来，流传后世，而这些流传下来的内容，就是中华传统经典。

现代人追求快节奏，追求新科技，早就忘却了经典。忘却阅读的同时，也忘却了其中所提到的种种流传千年的美德。包括很多教师在内，宁愿跟着时代跑，却不愿回头看一看经典。这些经典难道是与时代不相符吗？当然不是！这些经典经历几千年的验证，其思想对现代人依然有启迪，足见其牢固的真理性。

早在1995年，中国人民政治协商会议第八届全国委员会第三次会议上就出现过著名的第016号提案——《建立幼年古典学校的紧急呼吁》，认为，传统思想和价值观是我们民族智慧的结晶，传统经典是民族心灵的庞大载体。这些是我们民族生存和发展的依据，是我们民族几千年来屡遭灾难而不会解体的凝聚力。如果将此文化遗产在下一代毁灭，我们将会是民族罪人、历史罪人。大家拿着线装书不认得，对不起我们中国人的列祖列宗，对不起世界人民，对不起人类。

习近平总书记在2014年5月4日到北京大学与师生座谈时指出："中华文明绵延数千年，有其独特的价值体系。中华优秀传统文化已经成为中华民族的基因，植根在中国人内心，潜移默化影响着中国人的思想方式和行为方式。今天，我们提

倡和弘扬社会主义核心价值观，必须从中汲取丰富营养，否则就不会有生命力和影响力。"2014 年 9 月 24 日，习近平总书记又在纪念孔子诞辰 2565 周年国际学术研讨会上指出："不忘历史才能开辟未来，善于继承才能善于创新。优秀传统文化是一个国家、一个民族传承和发展的根本，如果丢掉了，就割断了精神命脉。我们要善于把弘扬优秀传统文化和发展现实文化有机统一起来，紧密结合起来，在继承中发展，在发展中继承。"

作为教师，我们不仅仅要继承孔子、孟子等先贤的教育思想，更要将他们总结在传统经典中的优秀传统文化发扬下去，所以我们一定要读中华传统经典。我国古代教育的宝贵典籍数不胜数：《学记》（这部书是世界上第一部教育学专著，每一位教师都应该用心学习，透彻解读，学以致用），以及《孝经》《论语》《大学》《劝学篇》《颜氏家训》《家范》《师说》《进学解》《女论语》《了凡四训》《朱子治家格言》《增广贤文》《养正遗规》《教女遗规》《小儿语》《三字经》《弟子规》《曾国藩家书》《百孝篇》……这些都跟教育有关，还有儒家的十三经（除了《孝经》《论语》外，还有《周易》《尚书》《诗经》《周礼》《仪礼》《礼记》《左传》《公羊传》《穀梁传》《尔雅》《孟子》），道家的《老子》《庄子》《太上感应篇》等，佛家的《六祖坛经》《十善业道经》《金刚经》《心经》等，医家的《黄帝内经》《伤寒论》等。不仅要读经典，更要将经典中提到的内容落实到现实工作与生活中去。

孔子被世人称为中国教育界的鼻祖，现在的教师都可以视为他的传人，而孔子的种种教育思想，都不是凭空想象的，而是他在实践中的体会感受。同样的道理，中华传统经典中所有的内容都是与实践相结合的，都没有凭空想象的内容，将理论落实到实践，我们才能体会经典中所说的真正内涵，而也只有自己真正做到了经典中所提到的内容，才能更理直气壮地去教育学生，才能让这些道理不变成空谈。

也就是说，经典不仅仅是要读出来的，更是要做出来的，只有把经典中的文字变成现实中的行为，才能对其中的内涵有更深刻的体会。其实经典中要求做到的事情，绝大多数都是身边的小事，而且都是约束自我的事情，不管是爱国、敬业、诚信、友善，还是勤俭、清廉、自律，全都是要求自我主动的事情，自己的主动实践不仅是在体味经典，最大的收获便是可以完善自我。所以，读经典、实践经典，会令人受益无穷。

40. 与学校领导、同事处理好人际关系

有人将好好处理人际关系当成成长的标志之一。小的时候，与周围人的交往是一个争吵、和好、再争吵然后再和好的反复过程。慢慢长大后，也就学会用更多、更理智的方式来处理与周围人的问题，并逐渐过渡到不再争吵，理性沟通，直至与周围人和睦相处。所以，能够妥善处理自己的人际关系，便被许多人看成是成熟的标志。

读了诸多圣贤书的教师，按理说原本应该遵循书中的德行教育，不会轻易陷入争吵，但是很多教师却并没有做到这一点，反而与周围人关系越来越糟糕，甚至因此而影响了正常的教学工作。

全国中小学心理健康教育课题组曾对辽宁省14个城市168所城乡学校2292名教师进行过一次心理健康抽样调查，结果显示，51.23%的教师存在不同程度的心理问题，其中32.18%的教师属于"轻度心理障碍"，16.56%的教师属于"中度心理障碍"，2.49%的教师已经构成"心理疾病"，而从分布态势上看，小学教师的心理健康问题最为突出，其次是初中、高中教师。小学女教师心理障碍率高于男教师，城市教师心理障碍率高于乡村教师，而我国正常人群的心理障碍比例是20%左右。相比之下，我国中小学教师心理健康状况令人担忧。

教师之间之所以会有矛盾，很多时候是因为平时工作上的事而相互猜疑，相互抱怨，甚至是相互诋毁，最终成为积怨。还有就是因为心里有负面情绪，有的人能够进行自我调节，但有的人却怎么也过不了自己心里那道坎儿，郁闷的情绪越积越

多，也许旁人的一个小举动、一句不经意的话就会成为他发泄怒火的导火索。再加上很多教师都颇有自尊心，要面子，轻易不肯服输，争吵甚至更深的矛盾冲突也就在所难免。

尤其是与上级领导的关系，很多教师就是怎么都相处不好。若是遇到上级领导比自己年龄小但却"资格老"的情况，一些教师更会心存不服，时不时就会搞一些小动作来发泄自己的不满。

有的教师可能认为，我的主要任务是教学工作，和他们能不能处理好关系又算得了什么？不与他们为伍也影响不了我。这样想可就错了，教师这个职业尽管在大部分时间里看似需要自己唱独角戏，可实际上，教师也同样是团体协作的工作。尤其是在学校里，每个教师都有自己的职责，可大家又是分工协作的关系，就拿教课来说，每个教师负责一门课程，大家合起来才能算是在对学生开展教育。否则，若是教师之间出了问题，那么遭殃的可能就是学生。

曾经有位教师就求助说，她与另一位教师闹了不愉快，她以为两人吵完架过去就过去了。可哪知道，没多久她带的班级的学生就反映说，那位与她吵架的教师在给他们班上课时，不如以前好了，会故意提高讲课速度，学生们听得很吃力，而在其他班里就没有这种情况。教师之间的矛盾影响到了学生，这不能不算是教师的失误。所以，教师还是要重视起自己与同事的人际关系来。

要好好处理人际关系，我们应该做到这样三点：

第一，要尊重对方。不管对方是谁，是新教师还是老教师或是上级领导，对人尊重，不存轻视、鄙视的心理，这是建立起好关系的一个重要的基础。孔子说："巧言乱德，小不忍则乱大谋。"每个人都希望得到他人的尊重，自尊心也是人的心灵中最敏感的角落。若是不小心伤害了别人的自尊心，哪怕不是故意的，也会换来他人千百倍力量的抗衡。所以，一定要尊重所有人，不用做到热情相迎，只要做到微笑满面，发自内心地真诚问候，人前背后都不对对方指手画脚。如果有了不同意见，委婉指出，就算是彼此意见不合也要给对方留面子，不能讥讽漫骂一起上。彬彬有礼又进退得体，才会赢得对方的尊重。

第二，要学会换位思考。矛盾当前，人在下意识中会选择保护自己，可越是这样越容易引发争吵，各说各的理，同时也会不断地挑剔对方。然而，"己所不欲，勿施于人"，现代的我们也就不要想着去挑战这流传了千年的人际关系的黄金定律了。换位思考会让我们更理解对方的立场，从而不再刻意强调自我，加深对彼此的理解，将矛盾慢慢化解。

当然了，换位思考是为了让我们能理解对方的想法，而不是要我们放弃自己的原则，要有原则地去看待发生在彼此间的矛盾，这样既不会因为太过自我而伤害别人，也不会为了想要息事宁人而放弃自我。

第三，要懂得互惠。也就是要懂得投桃报李。我们要学会给予，彼此分享自己的经验与成果，一定要有付出，而接受了他人的付出之后，就要懂得回报，与人方便的同时也就与己方便了。切记不要总想着占便宜，也不要总担心自己是不是吃了亏，越是过分在意自己的得失，越是会导致交往的失衡。一个优秀的教师是要有些奉献精神的，不要担心付出就如进入无底洞，所有有意义的付出总会获得有意义的回报。

孔子说："君子病无能焉，不病人之不己知也。"与人交往的过程中，不必处处显摆自己，真正有素质、有修养的人并不为别人不了解自己而担心，反而是担忧自己没有真才实学。"君子矜而不争，群而不党"，这也是孔子说的，真正的君子善于忍耐而不与人争斗，虽然会聚集在一起却并不结党营私。这样的两句话应该可以被我们看成是与人交往的准则了吧！

41. 要善于处理理想与现实的冲突

几乎每位刚入职的教师都会经历这样一个过程，最开始满怀豪情，想着自己将会在教师这个岗位上做更多的事情，能够用自己的知识和智慧带动更多孩子的成长，为他们答疑解惑，看他们充满崇拜的眼神。甚至看到学生迎面而来笑嘻嘻地大喊"教师好"，内心都会激动不已。然而，随着时间的推移，就会发现最初的理想与现实的差距太远了，自己能做到的事情并不如想象中的那么多，还有很多事自己是完全没有头绪的，原本以为可以胜任的工作，可事到临头才发现自己却完全没有资格与能力。学生们也不像自己想象中的那样乖巧听话、活泼可爱，更多的是调皮、不听话以及对学习的不开窍与不上心。

于是很多新教师在经历了一段时间的工作之后，就会因为理想与现实之间的尖锐冲突而开始烦躁、忧虑，有的甚至开始怀疑自己当初选择做教师的初衷是不是正确的。而且，随着最初激情的渐渐平复，很多教师也会发现，每天的工作都是一样的，重复性地做同样的事情，会让很多人越发无奈，以至于最终被这种单调打败。

一旦被打败，很多年纪轻轻的教师就变得麻木起来，没有了激情，表情也变得呆滞，对什么事也都提不起精神来，每天像应付差事一样工作，不仅效率低下，得过且过的心理也将影响生活质量。

其实理想与现实的冲突在很多人身上都会出现，但因为处理的心态与方式不同，最终的结果也就不同。不能正视冲突的人会变得颓废起来，只有能正视冲突的人才能有智慧地解决冲突，只有解决冲突，我们才能继续工作并好好工作下去。

不得不说，当今的教育现状的确会让一些教师的理想破灭，教育改革也不会在一眨眼的工夫就能让所有教师都满意。学生也是如此，不会如我们想象中那样一点即通，这些都是我们不可改变的。但是我们却可以改变自我，改变内心的想法，改变单一的教育教学方式，通过学习提升自我素养，从学生角度出发来走进他们的内心世界。

不要轻易就放弃自己最初的理想，同时也要更理智地分析眼前的现实。可以好好整理一下自己最初的梦想，看看自己都做了哪些事，与梦想的距离还有多远。尤其是好好检查一下自己是不是真的努力了，努力的方向是不是对的，有没有出问题，自己还有哪些方面是没有做到的，中途放弃的事情给自己带来了怎样的影响，等等。对于现实，也不要将其看得太残酷，不要妄想一口吃成个胖子，很多事是需要慢慢来的。

说到底，与其总去烦恼现实与理想的差距，倒不如换一种想法，不苛求什么，只专注于提升自我，那么奋斗的目标就会实际得多。只要凭借自己的努力，实实在在地做出了成绩，那些原本渴求的东西没准儿就会意想不到地来临。而且就算那些东西没有到来，可是提升自我后换来的自我满足与幸福，是很多东西都没法比的。

可以试试挖掘一下自己的潜力，把眼前的情况看成一种逆境，看看自己到底能不能跨过这道坎，看看自己到底能在教育这条道路上走多远。这种不断挑战自我的心理，会让我们自觉平淡无味的生活变得波澜壮阔起来。

而对待学生，也可以换一种眼光，尝试着把一个行为习惯不好的孩子变成积极向上的好孩子，这样的挑战真是再精彩不过。我们的努力会使一个孩子走向正途，这难道不会令我们感到幸福吗？

要知道，理想是植根于现实的，如果没有真正努力，没有不畏惧挫折的心，那么理想永远与现实存在差距。如果不能尽快适应环境，不能尽快调整自我并更努力地去行动，那么我们将永远处在被现实打败的位置上不得翻身。

42. 经常记录自己真实又丰盈的教育生活

很多人都有记日记的习惯，日记就是记录每天发生的事情和心情的最好方式。教育事业有其独特的魅力，因为要面对充满未知数的学生，所以教育工作中的每一天都可能会出现让人意想不到的事情。这些事情可能会给我们带来感动，也可能带来困惑，也许有喜悦，还可能让人愤怒，可能最终成功解决了，但也可能又会是一次失败的经历。

如果我们能将这些内容都记录下来，日后再翻看的时候，这些真实而又丰盈的教育生活,不仅是我们最美好的回忆,也将成为未来工作中宝贵的经验。更重要的是,看到自己已经走过的路,也会为过去的自己如此踏实勤恳地工作而感到无比欣慰。

那么,应该怎样来记录教育生活呢?

可以写教育叙事,也就是记录在教育教学工作过程中发生的值得思考且可以深入研究的一些事例。这个记录不仅要真实再现事情的发生经过,还要记录我们对问题的探索,包括怎么思考,怎么处理,怎么解决。要写好教育叙事,就需要用心观察和感悟,不放过任何一个有价值的事件,要能从平凡的事件中发现真理。要善于提出问题,而且问题越是具体才越有利于研究,随时抓住问题并解决问题,我们的教育水平也会逐步提升。

写教育叙事不需要多好的文笔,但需要真实记录包括背景、发生过程在内的整个事件,以及事件中所涉及的所有人的心理状态。对于处理过程和结果要好好记录,如果成功了要写清楚成功的原因,如果失败了就要记录下遗憾与疑惑,以便于日后的交流与再探讨。教育叙事一定要尽快记录,不要拖拉,否则当时的心态和思想都会随着时间的推移而消失。教育叙事的长短是无所谓的,就看当时自己的思考程度了,想得多便多写,想得精便少写。

还可以写教学后记,这是教师在课后对自己教学行为的自我评价与反省。教学后记是教学工作的一部分,用于记录我们在授课过程中的感受与心得,不管是成功还是失败,都能带给我们更多的感悟,也方便日后的总结。当然,教学后记更偏重对自己的剖析,所以会更具有批判的色彩。

教学后记不是心情日记,一定要如实记录自己教育中的优缺点,并且重点记录这些内容。比如:今天讲课有一个知识点讲得模糊,一部分学生没听懂;今天讲课有些枯燥,不够精彩;今天课堂中有一个点好像出了问题,需要好好检查一番;等等。这些内容都要及时记录,这样就会刺激我们不断反思自己的教育工作,从而让好的表现得以延续,而缺点也能及时发现。

也可以写教育专著的阅读心得,这也是教师自我学习的一种方式。在阅读过程中遇到的问题、产生的感想,随手记录下来,一边读一边记,这些内容不仅会帮助我们更好地理解所读的内容,同时也能成为日后工作中的提示与建议。随着工作实践的不断增加，我们会对这些内容有更深刻的理解。

教育随笔如果能长期坚持写下去，对我们的教育工作是有促进作用的，这也会成为我们教育工作从幼稚走向成熟的见证。如果愿意，还可以将教育随笔拿来与同行分享，好的表现可以推广出去，失败与挫折也能为他人提个醒，而同行之间的彼此交流，也会促进我们的教育工作。所以这样好的促进工作的工具，千万不要放弃。而且，若干年之后，厚厚的教育随笔就将成为我们教育水平不断进步与提升的见证者，其中的内容也将成为我们宝贵的经验财富。

43. 善于向同事、同行多学习

一个人的所学是有限的，而大家聚集在一起的一个重要原因就是可以互相学习。对于教师来说，不管是自身素质的提升还是工作能力的培养，向同事、同行多学习都是必须的。三人行，必有我师焉。别人身上总会有我们所不具备的优点，取其长而补己短也是提升自我的一种好方法。

不过现在很多教师的表现却令人担忧，他们的确也在同事、同行的身上发现了优点，并且也承认那是优点，可他们心里想的却并不是"我也要学习，也具备那个优点"，反而是"他不就是这点好吗？他别的地方还不行呢"，或者又是"他好什么？有什么了不起"，还有的教师更是千方百计找对方的缺点，并不惜在众人面前打压对方，嫉妒、愤恨的心理呼之欲出。一旦有鹤立于鸡群，鸡群必会群起而攻之，非要将鹤打倒赶跑才罢休。这样的心理不仅不利于自己的成长，更不利于团结，而且也违背了教师立志要培养的好德行，看似自己打压了别人心里痛快了，可实际上却是自己不仅没有进步反而退步了。

同事、同行的表现其实最能帮助我们发现自身问题，他们的优秀表现就好比是镜子，与自己一对照，立刻便能发现自己哪里不足。人人其实都有争强好胜的心，谁也不愿意落后，那就不要把过多的精力放在嫉妒他人的"好"之上，还是更多地想想应该怎样向同事、同行学习。

首先，《学记》中说："是故学然后知不足，教然后知困。知不足，然后能自反也；知困，然后能自强也。故曰：教学相长也。"只有经过学习才能发现自己的不足，只有经过教学才能发现自己的困惑。知道不足才能进行自我反省，知道困惑才能自强不息，不断充实、发展自己。也就是说，教和学两方面是互相影响、互相促进、共同提高的。

在教育工作中，我们总会发现自己的不足，能让自己发现不足，其实就是对自己的一个提醒，"你应该赶紧学习提升自我了"。不管是从哪里学，对着书本或者从他人那里学，都要有弥补不足、改正缺点的渴望，这样才可能有想要求学的欲望，而事实上，与他人之间的对比都会很明显地显现出来，所以当我们出现比他人稍逊一筹的情况时，就应该拉响警报了，因为这意味着他人在进步，而我们要么是原地踏步，要么就是已经在退步了。

其次，每个人都是有优点的，关键就看我们是不是更多地关注这些优点。周围的同事相对来说是我们比较熟悉的人，只要我们用心，就能从他们身上发现优点。

在年轻教师身上，不要过分关注他们的经验不足、处世不精，而是要看到他们朝气蓬勃的样子，看看他们身上有哪些我们已经丢弃的精神，看看他们的新理念是不是值得我们学习，然后认真去学。

在同龄教师身上，要多看看他们好的做法，看看在同样的问题上对方的处理是不是比自己更高明，看看他们有哪些自己还没有注意到的好的工作方式与方法。同龄教师最能给自己以启发，所以不要总是嫉妒心强盛。

在老教师身上，更要关注他们的经验，那些好的方法、已经取得的成就，都是值得我们用上"拿来主义"并与自己的特点相融合的。不要总觉得老教师跟不上时代，而是应该多想想怎么把他们的好经验与新时代相结合，让好经验能在自己手上有更新的发展。

最后，不管是对谁，只要是向对方学习，尊重之心必不可少。哪怕是从对方身上学了一个小窍门，也一定要有虚心的态度，趾高气扬或者轻蔑的态度最让人反感，尤其是面对已经有了一定资历的教师，一定要放低姿态，虚心求教是最能换来真才实学的，否则只能招人反感，什么都学不到。

另外，既然是学习，就要用心，学来并用在实践上，不能装出一副恭维的样子，背着人便说"这是什么玩意儿，还用得着学？"，既然对方能成功，那就一定有其道理，不管多简单的内容，在工作中有效，对提升自我有益，学来定然都是有好处的。

44. 懂得从错误中学习和成长

"一个人永远都无须为承认自己的过错而感到羞耻，因为这就是说，今天的他比昨天更聪明。"英国作家乔纳森·斯威夫特这样告诉世人，不要为承认自己的错误感到不好意思。不仅不要不好意思，还要能从错误中去总结教训，由此获得进步与成长。

曾国藩说："知己之过失，即自为承认之地，改去毫无吝惜之心，此最难事。豪杰之所以为豪杰，圣贤之所以为圣贤，便是此等处磊落过人。能透过此一关，寸心便异常安乐，省得多少纠葛，省得多少遮掩装饰丑态。"事实也的确如此，错误本来就不是好东西，何必遮遮掩掩地藏在自己身上？还是赶紧放下，赶紧改过。这样不仅能避免因为遮掩而来的丑态，而且从中获得的教训，更是日后成长中的警示牌。

教师也是凡人，所以犯错是不可避免的事情，前面我们说要有知错就改的精神，不能只想着掩饰过错，想着息事宁人，否则就是错上加错。但是改正错误容易，如何从错误中有所感悟进而有所成长却并不容易。很多教师的心理都是，"赶紧让这个错误过去吧，然后就能去做别的事情了，争取让谁也想不起来我有过这个过错才好呢"。由此可见，虽然改正了错误，可内心其实对这个错误还是逃避的，这就不能算是有了成长。因为带着这样的心理，我们压根就没有对错误有更深刻的认识，恐怕要不了多久，同样的错误还会再犯，这才是更可怕的。

翻译家傅雷先生曾经在译作《约翰·克里斯朵夫》的卷首语中写道："真正的英雄不是没有卑贱的情操，而是永不会被卑贱的情操所征服；真正的光明不是没有黑暗的时候，而是不会被黑暗所湮没。"这个道理放在教师犯错这件事上也是适用的，真正好的教育者，不是不犯错，而是懂得从错误中总结教训，并汲取新的力量获得成长。好的教育者，会承认错误，弥补错误并反思错误，从而做到杜绝同类错误的发生。他会将自己的过错变成教育财富，让自己从此再登高一大步。

所以如果教学工作中又出现了问题，认错是第一步，改错是第二步，那么接下来就是最重要的第三步，反思错误。

要反思这个错误发生的原因。如果是教学过程中犯了错误，就要看看自己是不是在课程准备上不充分，有没有遗漏或者错误理解了教学内容；如果是在处理学生问题上出了错误，就要看看有没有不了解具体情况，有没有对学生有误解，多方面、多渠道去获取事情的真相；如果是与同事之间出现了矛盾，也要多找找自己的问题，从态度到处事方法都要好好回忆一番。

多在大脑里过几遍自己犯下的错误，如果能记录整个事件的经过最好，在记录过程中就可以加入自己的思考，并总结自己犯下错误的原因，同时也能检查自己对错误的改正是不是正确，还能找找有没有更好的弥补方法。

其实除了自己犯下的错误，其他人的错误也能成为我们的前车之鉴。所以，在与同事聊天或者翻阅教育笔记、上网的时候，如果遇到有犯错的情况，也可以多留心一下，听听、看看对方是在什么情况下犯的错，又是怎么改正的，想象一下如果是自己出了这样的问题，又能怎样应对，再想想自己以前的表现有没有也出现过类似的情况，如果有就要及时更正，如果没有也要提防在日后类似情况下犯同样的错误。

也就是说，一切与教学有关的错误都能成为促进我们学习与成长的动力，就看我们是不是能对这些错误有所反思，而归根结底，促进我们对错误有所关注的因素，还是我们对教育事业的热爱，只有诚实严谨地对待自己的事业，只有严肃认真地对待每一天的工作，我们才能更坦然地面对自己的错误，才不会总想着逃避错误。

45. 要让自己懂一点心理学

心理学是一门很神奇的学问，它直击内心深处，最能激发人内心的想法，如果运用得当，很多问题就会迎刃而解。

有这样一个小故事。在绘画课上，教师要求同学们画一幅画，可是有一个孩子不知道要画什么，便索性大胆地一笔都没画。收作业的时候，教师发现了这张空白的纸，也从上面的名字知道了是谁的作业纸，但教师却没有训斥这个孩子，反而惊奇地说："哦，这是白云朵朵啊，我能把它挂在墙上吗？"接着她果然把这张白纸郑重其事地挂了起来。孩子惊讶于自己没有挨批评，他便向教师要回了那张画纸，回到家，他忽然觉得自己真的需要画些什么在上面，于是果断地画上了天空，画上了太阳，当然也画上了真正的白云朵朵。

教师是看不出来孩子的表现吗？当然不是，她也完全可以当面训斥他，或者命令他完成作业，可这样一来，效果就会与之前大不一样了，孩子可能会不服气，也可能会因此而讨厌绘画课，还可能和教师当面起冲突，就算孩子最终完成了绘画作业，也是在被强迫的状态下完成的，这显然并不是成功的教育成果，而这位教师却巧妙地运用了一点心理学，不训斥，不强迫，用肯定的、温柔的方法，让孩子自愿完成了作业。

可见，在教育过程中，心理学的作用还是很大的。苏霍姆林斯基就说："一个好的教师，是一个懂得心理学和教育学的人。"教育学是教师的专业，那么心理学就应该是专业的最好辅助。

在教育过程中，教师不仅需要对工作有热情、有耐心，更需要用心理学来合理地表现这种热情和耐心。不是说只要表现出一副我很努力的样子就能将工作做好了，不是说一副 "我就是为了你好" 的样子就能真的让学生心领神会了，巧妙且正确地运用心理学，有时候会成为我们工作中的制胜法宝。

如今时代的发展日新月异，一届又一届的学生之间也存在着越来越大的差异。如今的学生比过去的学生接触到的新鲜事物会更多，了解的东西也更多，他们的新思想、新理念也就会更为贴近时代，所以仅靠经验去教学并不能妥善解决所有的问题，除了提升我们自己的知识储备与思想能力外，也要掌握一定的心理学，这样才能更好地了解学生的心理，使得在问题处理过程中，不会只用教师身份压人，而是以更融洽的相处来与学生实现更有效的沟通，从而提高教学的质量。

教师要学习心理学，不是一定要像专门学习心理学的学生那样，将全部的精力都投入进去，只为钻研心理学的深层次内容。教师需要将心理学与教育学相联系，要与自己的学生相联系，还要与自己的表现和心理相联系，不仅要关注学生的问题，也要关注自身的改变。也就是说，教师需要依靠心理学来了解学生的心理，洞察学生内心世界的需求，并结合自己与学生的特点，找出更合适的教学方法。

当然，我们不是要用心理学去控制学生或制服学生，学习心理学，是为了让我们能了解与理解学生的心理，是为了防止我们用老旧的观点与经验来约束他们的成长。作为教师，我们一定要站在"为了帮助学生"的角度去学习心理学，要积极乐观地看待心理学，而不要将其当成又一个制服学生的法宝。只有以帮助学生为基础，我们的心理学才会用得更准确，才不会偏离正轨。而且，教师带着更乐观的心态，再加上合适的心理效应，就会换来学生更真诚的笑脸，很多问题也许都不用我们费劲，学生自己就主动解决了，为什么不去试一下呢？

46. 善于深度思考，善于探索研究，少抱怨

教育是一项复杂的工作，单就讲课来说，就绝对不是把书本上的文字念一遍那么简单，而是要深入解读这些文字的内容，挖掘出其中的思想与内涵，引导学生理解这些文字，并帮助他们将其转化成可以运用自如的知识。要实现这些内容，就需要教师进行深度的思考，同时也要善于进行探索研究，这样才可能讲好课，并做好其他教育工作。

有的教师总是抱怨课程不好教、学生不好管，一出问题就找客观原因，可是抱怨过后，问题还是问题，依然得不到解决。教师通常是理性的代名词，抱怨不应该成为教师的习惯，相反地，深度思考、探索研究，才是教师要做的事情。孔子说："学而不思则罔，思而不学则殆。"可见思考与研究是并存的，成长学习的过程中，勤动脑、少抱怨，这样才能进步。

说到思考和研究，那么教师都要思考些什么？又要研究些什么？总体来说，教师的工作主要有三点：一是教学工作；二是培养学生的工作；三是发展自我的工作。因此，教师就应该做到以下几点：

第一，对教学的思考，探索研究更好的教学活动。教学工作本身就是一个不断思考、不断探寻规律、不断创新实践的过程。每位教师每讲一次课，都不可能与第一次讲课时的内容、特点、状态相似，每次讲课都是对前一次讲课的改进。这其实就是一个思考探索的过程，每一次讲课后，学生的反应都会促使我们对已经讲过的课程产生思考，而我们自己也会随着知识储备的增加而不断调整课程的内容与讲课的方式。

通过思考，我们会不断地弥补不足并解决问题，而通过不断探索研究，我们也将发现更多、更好的教学方法，发现更适合学生的讲课方式。思考和探索研究，是每位教师工作精进的重要过程。

第二，对学生发展的思考，探索研究学生的特点。每一代的学生都有属于他们

这一代的特点，对待不同时代的学生，一成不变的态度和思想是不行的。所以教师的思想不仅要跟得上时代，还要跟得上学生。这就要求教师思考每一代学生的发展特点，探索同样的问题下不同时代的学生都需要怎样的解决渠道，他们的心理又是怎样的。

有人认为，探索与学生之间的关系问题，应该是班主任的事，如果自己只是教课教师，并不需要考虑太多。这样想就太简单了，如果讲出来的课程不能让学生感兴趣，不能被他们接受，那么我们的授课就是失败的，学生学不到东西，我们岂不是白费力？所以所有一线教师，都应该深入探讨学生的思想与特点，思考用更适合他们的授课方式来促使他们接纳知识。

第三，对自我经验的思考，探索研究自我的成长发展。凡是有理想的教师，都希望自己能有更好的发展，所以思考自己的现状，思考自己过去走过的路，深入探索未来的发展，这也是促进教师自我成长所必须要做的。

正所谓"吾日三省吾身"，教师应该勤于反省自我，工作闲暇之余，就应该好好想想自己的未来。深入剖析自己已经取得的成功或遭遇的失败，针对现状和未来发展前景来调整自己的行走方式，以塑造更好的自己。

总之，做一个善于思考、勤于探索的教师，我们的前进道路就是充满希望的，不断实践，不断思考，不断探索，不要让自己的大脑闲下来，也不要满足于过去的成绩。越是勤于用脑，越是会发现更多的精彩，越是能离最初那个成为教育家的伟大梦想更近一步。

47. 教师要做学生学习的带头人

从某种意义上来讲，教师存在的价值，是为了让学生能好好学习。但是，只靠授课便能促进学生的学习了吗？当然不是，授课只是教育的一种方式，到底能不能促进学生的学习，其实还是与教师自身有关。如果教师能成为学生学习的带头人，那么教师的榜样作用就会促使学生也跟着好好学习，天天向上。

这其实说的就是教师的示范作用，教师的示范对学生的影响是无比深远的。有一个最坚强的例子，就是海伦·凯勒的故事。海伦看不见、听不到又说不出，可她的教师安妮·莎莉文却挖掘出了她巨大的潜力，莎莉文教师用的就是示范作用。每教一点东西，莎莉文教师就不停地示范，海伦靠着摸索来跟着学，直到自己最终可以独立完成。

事实上，教师亲身示范的，学生往往都会下意识地去模仿，因为在学生心目中，教师的言行举止是他们可参考的对象，教师做了什么，他们也就能够做什么。所以每位教师不要小看了自身的榜样作用，这比磨破嘴皮说一千遍"你们应该好好学习"要管用得多。所以，教师在学习这方面，也要给自己一些约束，养成学习的好习惯。

那么教师的热爱学习都体现在哪些方面呢？或者说，我们应该从哪些方面来入手呢？

最简单的方法，当然就是阅读大量的书籍了。在学校里，不妨也经常性地带上几本书，不上课的时候，没有繁重工作的时候，认认真真地阅读是最好的学习体现。在办公室、在教室，任何一个角落都能成为我们学习的好场所。如果有足够的时间，也要多去图书馆转转，那里也是学习的圣殿。

最隐晦的方法，则是在讲课、与学生交流和开导学生的过程中，将自己学习的成果展示出来，不管是讲课中的引经据典，还是将自己学来的故事融合在教育过程中讲给学生听，又或者是自然而然地用大量的知识来讲解晦涩难懂的内容，尤其是一些对时下新信息的利用，都是在给学生们一个信号，那就是教师一直都在学习，教师之所以知识如此渊博，之所以能懂得如此多的道理，之所以会用这样通俗易懂的语言来给大家讲解，都是与不断学习分不开的。这便是潜移默化的作用。

最直接的方法，则是选择合适的时机向学生们展示自己的学习笔记：时间、地点、学习内容、学习心得、疑问解答。当我们将厚厚的学习笔记摆在学生面前，他们自然会感受到我们在学习上的认真与热情。如果能标注好日期就更好了，一眼看过去一目了然，什么时间学了什么，清晰而又令人印象深刻。

最温情的方法，则是和学生们坐在一起，他们写作业，我们看书、做笔记，共同学习、一起努力也共同进步，适时地鼓励一下学生，也适时地表现一下自己刻苦学习也会感到辛苦的样子，不过只要大家一起努力，那么所有人就都能有进步。

要怎么学？要如何让学生感受到教师是自己的学习榜样？其实每个人都会有更具有个人特点的方法。但其核心便是，一定要真的用心努力去学，教师对学习真诚而又努力的态度，会让学生感动，也是学生激发自身学习的最大动力。

另外，教师也要将自己终身学习的理念传递给学生，不能说只给他们示范学生阶段的学习就算了，我们应该立志于培养他们也树立"终身学习"的志向。用自己的实际学习的行动，告诉他们不管什么时候学习都是有用的，知识永远学不完，但只要不停歇地学，人是可以一天比一天更进步的。也就是说，教师这个学生学习的带头人，应该成为他们永远的榜样，并借由他们也传承给一代又一代。

48. 要学会做科研，不断提升自己的能力水平

"科研"这个词，让人觉得"高大上"，也有些神秘且复杂。尤其是年轻教师，总会感觉科研离自己很远，总觉得这种事应该是大学教授或者是各级教育科学研究院、研究所的研究员、专家等人才可能做的事情，自己只不过是一个普通的教师，怎么可能做科研呢？

但苏霍姆林斯基却告诉我们说："教师的劳动就是一种真正创造性的劳动，它是很接近于科学研究的。"朱永新教授也指出："教育科学研究不是学者的专利，教育第一线的广大教师应该是教育科学研究的主力军。"所以说，教育科研离每位教师并不遥远，教育的伟大往往就存在于平凡之中，教师日常的教育生活就是教育

科研最好的素材。不要觉得教育科研是独属于专家的"行当"，每位教师在教育工作中只要有了研究问题的欲望，就可以去展开科学研究，如此在提升自己能力水平的同时，也能更好地完成教育工作。所以，每位教师都应该学会做科研。

关于教育科研，朱永新教授解释说："就是一种运用科学的理论和方法，有意识、有目的、有计划地对教育领域中的现象与问题进行研究的认识活动。"教师是最贴近教育实际、最贴近学生生活的人，都拥有丰富的教育生活经历。教育工作本身便带有不同程度的探索性与研究性，因为随着时代的发展，人类势必会一代更比一代强，包括学习能力在内的各种能力也会越来越强，这就要求教师必须进行探索、研究、创造，以适应并满足新一代学生的需求。教师若想要在教育过程中产生教育效果，也必须要好好研究学生，从诸多个性中抽取共性，从不断的经验中寻找规律，并在反复的实践中验证规律。

教师若想要将学生培养成德才兼备的现代化新型人才，就不可能只是简单地教课程，还应该依据一定的理论观念来进行复杂的研究活动，将教学拓展成对教育的研究，从而成为"科研型"或者"专家型"的教师。

这不仅是教师发展的道路，对教师自身来说也是很重要的。因为一旦一份工作上升为科学研究的高度，就意味着它不仅仅是一个糊口的工作了，这会促进教师的观念发生转变。因为感受到时代的变化，许多新的东西层出不穷，教师就必须继续学习，从而更透彻地理解新时代下的教育与学生。

同时，若是要搞科研，教师也必须要扩大自己的认识领域，否则如"井底之蛙"一般的眼界，显然是无法开展科研的，而参加科研，也需要教师的思维方法发生变化，研究过程会对教师的思想产生很大冲击，改变其原有的思维习惯，使之更接近时代，更贴近学生。而经历科研之后的教师，再去进行教育工作也就不只是简单地讲课与训话了，他还会具备观察、调查的能力，思想也会更灵活，思维也会更开阔，从而找到更多好的教育方法。所以，每位教师都应该努力提升自我，通过搞科研来让自己有一个大的飞跃。

要搞科研，教师需要先养成问题意识，要善于从教育教学工作的实际中发现问题，不要安于现状，而是要多思考，要多思考自己工作领域的内容、走向，在把握基本信息的基础上，通过比较、选择，发现有价值的问题。当然也可以对教育教学等方面现有的内容进行辩证地思考，以此来寻找新问题，这需要我们有勇气，还要有原则。另外也可以将同一个问题换一个角度去思考，多角度考虑问题就会发现想要研究的方向，从而确定科研课题。

有了课题之后，教育科研就可以展开了。研究方法包括这样几种：综述性研究，就是对信息资料进行加工，通过储存、分析、鉴别，将零散的知识系统化，这样的研究就是要高度概括各种教育现象，最终形成系统的结论；阐释性研究，就是利用自己的理解与验证，阐述和解释教育的规律和理论；创造性课题研究，就是在已知的教育信息中，通过创新产生新颖独特的教育思想、理论和成果；实验性研究，则是通过对某些影响实验结果的相关因素加以控制，并系统地操纵某些实验条件，观测与这些实验条件相伴随的现象的变化；个案研究，对研究对象中的某一特定对象进行调查分析，以搞清楚其特点及形成过程。其他的基本研究方法还有历史研究法、比较研究法、观察法、访谈法、问卷调查法等。

经历过科研过程之后，要总结出结果，也就是要写出一篇研究报告或论文。比如，规范的学术论文一般包含这样几个方面：题目（论文的标题）、摘要（200字左右，附关键词）、前言或绪论（包括问题的提出——为什么要研究这个问题，研究的意义——研究这个问题的价值，文献综述——已经有哪些人做了相关研究，研究方法——用什么方法研究这个问题）、研究过程（怎么做这个研究）、研究结果（经过定量分析或质的研究所得到的结果）、讨论（是对研究结果的议论，主要功能有：解释研究结果，推出一般性结论；建立与验证理论；指出应用价值；指出研究的不足之处）、结论（通过研究，有哪些发现，得出哪些结论，结论是否可靠等）、参考文献（研究中参考的文献应在文末列出，正文中也应有脚注）。当然，这只是一个大概的模式。

教师要保证论文的科学性，并用逻辑性的说理来进行论证，最终的成果也要保证创新性，这样才能推动科学研究的不断发展。经历过严谨的科研过程之后，每一位教师的新的研究成果，都有可能上升到理论高度，从而完成从教育实践到教育理论的飞跃。

当然，教师在做科研课题前，最好能系统地了解一下科学研究是怎么回事，看一些专业的指导书籍，比如《教育研究方法导论》《中小学教师如何做研究》《教师如何作质的研究》等，这样做研究的时候才不会盲目，才会更有针对性，也才会更顺利、更有成效。

49. 成名师，成明师，成专家型教师

做教师虽然不提倡追求名利，但是成为名师，成为明师，成为专家型教师，也依然应该是每位教师的梦想。

这里所说的"名"可不仅仅指的是"有名气"，真正的名师并不只是名号响亮，他还应该有真才实学，有独到见解，有"独门绝技"。

要成名师，更要成明师。事实上，每位教师都应该成为明师，即明明白白的教师，贤明的教师，有智慧的教师，有深邃思想的教师。这样的教师即便自己只有一桶水，也有智慧指给学生一条河。古语说，"经师易得，人师难求"，这个人师就是真正的明师。

而真正的专家型教师，也应该是在自己心仪的领域内有深入的研究，有独属于自己的深刻思想。我们应该向着这样的名师、专家型教师奋斗。

其实简单来说，我们应该为了成为一名优秀教师而努力，从教学能力到教学思想再到个人品德都优秀了，有了好口碑，有了好成就，自然也就是名师了。

首先，优秀的教师一定是有教育智慧的，他的课程一定是吸引人的。这样的教师讲出来的课程，可以很准确地抓住知识点，能用简洁明快的语言来解释清楚，但又不失风趣幽默，也不失哲理智慧，而且还具有浓郁的个人风格。学生们一听就懂，还能一听就喜欢，就如过去人们听评书一样，听完这一回就想着下一回到底是什么

内容了。所以教师应该磨炼自己的教学能力，机械地照着教参备课是不行的，要多动脑筋，多思考，多学习，丰富自己的讲课内容，调整自己的讲课风格。这显然不是一天两天就能做到的事情，要以此为动力，每天练习，不断改进，不断提升自己的教学经验，积累教育智慧。

其次，优秀教师对待学生也是有智慧的，回答学生的问题，不是简单地给出答案，而是会引导学生开始思考，不仅思考这一个问题，而且能发散到更多的问题上；与学生交流沟通，也能走进学生的心里，用巧妙的话语解开学生思想上的困惑；就算是批评，也不会让学生因为自尊心受到伤害而难过甚至憎恨教师。所以教师也要加强心理学的学习和自我素养的培养，不仅在开展教育工作上游刃有余，也能成为学生们争相学习的好榜样。

最后，优秀教师应该有一个全能的表现：会说、会写、会思考，有德行、有理想、有能力。会说，从语言表达的流畅性，到内容反映的深刻性都要有保证；会写，从字体笔迹的整洁利落，到写出来的内容的条理顺畅，也要符合名师的名头；会思考，能随机应变，能深刻总结，还能不忘创新；有德行，以孝道为根本，拓展开来形成高尚的师德；有理想，从不曾停止向理想攀登的脚步，一直坚持努力学习；有能力，处理任何事，都能做到不慌不乱，并尽量做到游刃有余。

对已经成为名师、专家型教师的教师们，我们可以有憧憬，但不要觉得那就是一个遥远的梦，倒不如将他们的好表现当成目标，努力完善自我，不要只积累经验，也要总结经验，多思考研究，让自己的努力不白费，让自己的成就也能上升一个高度。

还有一点也非常重要，成为名师、专家型教师，梦想非常好，但一定要抛却功利性，就像开头所说的那样，不要只为了那个名声去奋斗。否则，功利心会始终伴随其中，这就会阻碍我们对真理的探索，阻碍我们用最简单的心思去进行教育。而且，这还会导致我们将得失看得过重，这份名利就会变成束缚我们发展的枷锁，也将成为蒙蔽我们眼睛的眼罩，导致我们很快迷失。名师、专家型教师，都是在不知不觉中便成型的，不用刻意追求，将更多的注意力放在提升自我、完善自我之上，假以时日，酒香不怕巷子深，真正做得好的人，总会成为众人欣赏与肯定的对象。

第五章

职业素养——为家国育才的坚实基础

　　良好的职业素养是做好工作的重要基础与前提，教师的职业素养更是如此。教师的职业素养要求教师不仅要做到专业，更要做到敬业与有德行。教师有良好的职业素养，才能担负起国家和社会赋予的教化学生的神圣使命，才能传道、授业、解惑，为家国培育英才。

50.着装一定要规范、得体

早在2500多年前,至圣先师孔子就曾说过:"君子不可以不学,见人不可以不饰。不饰无貌,无貌不敬,不敬无礼,无礼不立。"意思是说,打扮自己的外表和充实自身内在的修养都很重要。跟人相见时,要打扮一下自己,这是对人的一种尊敬,不敬是没有礼貌的,而没有礼貌在这个社会就没有了立身之本。英国剧作家莎士比亚也曾指出,服饰往往可以表现人格,一个人的着装,就是他自身修养的最形象的说明。可见,古今中外,服饰之于人都是非常重要的,之于为人师表的教师就更重要了。

很长一段时间以来,教师的形象是与清贫联系在一起的,教师在着装上是朴素的,甚至是不修边幅的。但是,很多教师的博学多闻与其不修边幅的形象所形成的对比,给人的感觉又有些遗憾。因此,今天的教师,在服饰着装方面,要发挥出教书育人的效应,树立起庄重的教师形象。要知道,服饰体现着教师的精神面貌,也体现着教师的风度。

所以，教师在实践教书育人的过程中，着装应该是洁净、落落大方的，要呈现出整洁、和谐、高雅的美，也应该是得体的，要体现出教师的职业要求，还应该抓住美的内涵，从而更好地展示教师的风采。

其实，服饰就是一种社会符号，就是一种无声的语言，也是一个人向外界展示自己的重要窗口。对担负"传道、授业、解惑"责任的教师来说，服饰就是无声的课本，对学生有着潜移默化的影响。所以，在服饰方面，教师一定不能掉以轻心，千万不能随随便便，而是要适应教育职业的特点，展现自己严谨、端庄并极富亲和力的为人师表的重要特质。

对教师来说，在服饰着装方面要规范、得体，总体上可以遵循这样四个原则：TPO原则、协调性原则、整体性原则和整洁性原则。

第一，TPO原则。TPO是3个英语单词的缩写，分别是Time（时间）、Place（地点）、Object（目的）。O也有另外一种说法，指Occasion（场合）。在不同场合，因为身份、目的不同，在服饰着装上可以不同，另外，地点和场合的意思差不多。所以，可以认为，O在更大程度上是指Object（目的）。由此可知，TPO指的是在服饰着装选择这个问题上，一定要充分考虑到时间、地点、目的，力求让自己的着装与时间、地点、目的协调一致。

时间，泛指一天24小时、一年春夏秋冬四季、一个时代等。着装要考虑这些因素，注意时间的变化。对教师来说，晨练时穿的衣服与给学生上课时穿的衣服是不同的，晨练时的衣服是运动型的，而上课时的衣服是职业型的（当然，这只是指导原则，如果教师没有条件更换衣服也不是什么原则性的错误，下同）。此外，工作日穿的衣服和节假日穿的衣服也是不同的，节假日穿的衣服应该是休闲型的。当然，随着季节的变化，着装也应该不同，夏天不能"捂汗"，即穿着西装汗流浃背；冬天不能"爱俏受冻"，即为了所谓的"美"，而让自己忍受寒冷之苦。所以，着装还是应该考虑到时间，应该是顺应时令、顺应自然的。另外，如果参与涉外活动，应该事先沟通是否需要穿正装、打领带等，以免发生误会。在国外考察时，也应该注意，在休息日、旅游时穿便装。

地点，指的是场所、位置、地方等。也就是说，教师着装一定要因地制宜，在校内、校外，城市、农村，做家访、做运动，在家、在国外都要有所区分。在这些不同的地点，着装的款式应有所不同。在公务或职业场合，着装应该庄重、大方、传统，甚至是保守一些。适合在公务场合的着装有制服、套装、工作装等。在社交场合，着装应该具有职业性。适合社交场合的着装有时装、礼服、民族服饰等。在休闲场合，着装应该舒适、自然、方便。适合休闲场合的着装有运动装、家居装等。另外，不同的国家、民族，因为地域、风俗等的不同，在着装上也应该尊重对方的思想情感，不可随意穿戴，要与周围的环境和谐一些。对于教师来说，地点更多的是校园，所以着装一定要符合身份特点，一般以职业装为主，落落大方，体现教师特定职业所要求的为人师表的风范与气质。

目的，是指出席某种活动的意图或某种意愿。着装，对每一个人来说，都有两大功效：第一，遮挡；第二，表现。我们要遮挡什么，要表现什么，都要明确。当然，这要视具体的情况，再做具体的考虑。比如，在婚礼上，就不能穿太素的近似于参加丧礼时的衣服，而是穿较鲜艳的衣服；同样，在丧礼上，应该穿深色、灰色的衣服，不能穿太过艳丽的衣服。所以说，服装的款式、质地、颜色在表现目的性上发挥着很重要的作用。表现得好，是自尊，也是尊人；表现得不好，是自毁，也是对别人无礼。对教师来说，着装，要体现出自尊来，这同时也是对学校领导、同事和学生的尊重。

第二，协调性原则。所谓协调性，是指和谐。和谐就是美，这一点毋庸置疑。所以，在视觉效果上，服饰着装要想达到和谐，就应该注意穿戴的协调性原则。

与自身条件协调。教师在着装时，一定要了解自身的自然条件和特点，这样选择出来的服饰才会更好地体现审美情趣，从而弥补自身条件的某些不足。比如，人身材有高矮，体形有胖瘦，肤色有深浅，在着装上应该考虑到这些差异，做到扬长避短。身材较矮的教师，应该选择简洁明快、上下色泽一致或是上深下浅的衣着，以把身材衬托得高一些；体形较胖的教师，应该选择冷灰色、深色的衣服，给人以紧束的感觉，但也不宜选择紧身、束腰的衣着；体形较瘦的教师，应该选择面料较厚，以暖色或两色为主，或花样褶皱较多的衣着，从而增强扩张感、厚实感等。总之，服饰的选择一定要符合自身的特点。

与社会角色协调。每个人在这个社会中都扮演着一定的角色，不同角色的人在衣着服饰上必须符合相应的社会规范。

与自身年龄协调。无论是谁，在穿着上一定要符合自己的年龄特征。教师也不例外。比如，年轻教师，穿着应该富有活力，所以可以穿得活泼、鲜艳一些，从而体现出自己朝气蓬勃的状态和青春的美感。再如，中年教师，就要注意着装的庄重、雅致和整洁了，以体现出成熟与稳重感来。

第三，整体性原则。无论是男教师还是女教师，在着装上，都应该考虑整体性的原则。也就是说，一定要注意服饰所具有的文化内涵、内在逻辑；也要考虑到风俗习惯、中西方文化的审美差异，注意着装的系统性，要整体考虑，精心地搭配服饰。

着装时，不仅要使各个部分成为一体，还要相互配合、呼应，在整体上显得和谐、完美，恪守约定俗成的服饰搭配原则。比如，红色跟绿色搭配，就比较忌讳；穿运动装时，要配运动鞋，最好不穿皮鞋；同样，穿西装时，也不能穿运动鞋、拖鞋、凉鞋、布鞋等，而要穿皮鞋。

当然，这里的整体性原则，在一定程度上还指应该与教师整体的穿着相统一，从而能保持服饰的整体性。如果学校有统一的职业装，应该按学校规定穿职业装。

第四，整洁性原则。这个原则其实是不需要强调的。因为不管在什么情况下，我们每一个人都应该保持仪表的整洁，不脏、不邋遢。比如，衣服要熨烫平整；不能是又脏又臭，让人生厌；不能有油渍、汗渍等；不能又残又破，有补丁，甚至是补丁摞补丁。着装务必要整洁，正如《弟子规》所言，"衣贵洁，不贵华"，衣服，不在于华丽奢侈，关键是要整洁、干净。对于教师来说，更应该注意做到这一点，这样，我们的良好形象与风度才能初步建立起来。

51. 善于运用自己的目光

　　眼睛是心灵的窗户，透过这个窗户向外界传递一个人内心世界的本质，就是眼神。教师要善于运用眼神教育，要让自己的目光饱含各种情感，一眼看过去，就能让学生从我们的眼神中感受到我们所要传达的信息。

　　有一位教师便有这样的经历，他的班上有一个经常不注意听讲的男孩，他在一群认真听课的孩子中间很显眼，教师有时候不得不停下讲课来提醒他。后来教师找男孩谈起了这个问题，男孩也觉得很愧疚，说时常控制不住自己。于是，教师和他约定，让他上课时尽量看着教师，教师会用眼神提醒他。从那之后，每次上课开始、中间和结束时间，教师都会用善意的目光来提醒男孩。男孩遵守着和教师的约定，一旦教师的目光看过来，他便努力克制自己的动作。如此一天又一天，直到有一天，教师发现他不用再提醒了，因为不管什么时候他的目光移过去，都会看到男孩睁大亮晶晶的眼睛认真地关注着他。

　　这就是眼神的力量。教师虽然是以口来当作主要教学"工具"的，但是干巴巴地说有时候并不能调动学生的情感。相较于语言，眼神应该是最能表达情感的方式了，喜怒哀乐都能透过眼神表达出来，所以要边说边看。

　　比如，上课前，如果教师用期待的目光扫视教室，这就是在提醒大家"马上要上课了，不要再笑闹，即将开始新的课程"；当学生有了好的表现，教师用充满鼓励、赞许的目光看过去，这无声的赞美会带给学生努力的动力；如果学生犯了错误，教师用严肃的目光去注视他，那么他也会感到不安；若是学生有了心事，教师温暖的目光又能让他感到有了依靠……各种不同眼神的运用，不仅促进教育工作的开展，也能丰富教育方法，还会收到意想不到的效果。

　　那么，教师应该如何正确运用自己的目光呢？

　　首先，要有充分的交流时间，也就是要保证自己的眼神与学生有足够的接触、碰撞的时间。曾经有教育心理学研究表明，学生的心境与态度在很大程度上会受到教师眼神的影响，他们的情绪也会因此而受到极大的暗示与感染，而根据心理学家的测试，就一节课的时间而言，教师与学生眼神的接触时间，最好要能占到一整堂课的 60%~70%，这样才能保证彼此眼神充分接触，才能激发学生的兴致，获得他们的信赖。

而为了能实现这一点，教师就应该做好充分准备。课前教师要充分熟悉课程内容，什么时候用什么教具，什么时候讲什么内容最好都要熟记于心，以减少在课堂上翻看书本或教案、紧盯工具的时间。讲课时要尽量侧着身体，板书时也要时不时回头与学生进行眼神交流，这样不仅是在传达情感，还能达到良好的教学效果，向学生传递更为丰富的知识信息。

然后，教师要尽量关注每一位学生，眼神要有意识地在所有学生身上扫过，不要让他们感觉自己受到了冷落。如果是在上课，就要环视各个方向，不要只盯着一处不变，也不要只看着讲义、教案、课本。

不要只关注成绩好的或者某些方面表现不错的学生，对于成绩不算好的，甚至有些调皮的学生，也要给予他们善意的目光，尤其是一些学习比较吃力的学生，还要给予特别关注。

其次，要注意停留时间以及转换次数。如果死盯着一位学生看很长时间，那他一定会冷汗直冒，注意力早就不在课程上了，而是会担心自己是不是出了什么问题。所以目光不要在某一个学生身上停留太久，也不要只是从某个学生身上一扫而过，讲课的同时也要敏感地抓住学生的情绪与精神状况。比如：看到有学生走神，就多看几眼，意思是"赶紧回神来听课哟"；看到有学生疑惑，不妨重复一遍，然后再看对方，意思是"这次听懂了吗"；看到有学生点头，也跟着用眼神鼓励一下，意思是"很好，你听懂了"；等等。对待不同的学生使用不同的眼神，但又不过分停留，几番轮转，保证每位学生都能在课堂上接收到教师不同的眼神。要注意的是，审视的转换频率要高，将自己的情绪表达出来即可，这样才能更好地发挥眼神的"无声胜有声"的教育作用。

再次，就是教师的目光一定要有爱与公平在其中，即便是批评也要用慈爱中带着严肃的眼神，即便是面对并不讨喜的学生，也不要用鄙视甚至厌恶的目光看着他。

这其实也考验着教师的职业道德修养与情操，要熟悉学生，关爱学生，用平等的态度去面对他们每一个人，要相信每一个学生都是可塑之才，并用爱与公平给予他们希望。

还要注意的是，教师的目光要包含丰富的含义，自信、热情、慈爱、亲切、友善、感谢……多一些正面的情绪，少一些负面的情绪，即便是面对再顽劣的学生，善良的目光对他来说也是一种影响与震撼。也要有技巧地使用眼神，最好带上一些艺术性。眼神中的情绪要收放自如，让学生有所感受就足够了，不能长时间注视，也不能一扫而过。如果是与学生单独交谈也要注意这一点，使劲盯着他看肯定是不行的，他一定会躲开我们的眼神。

最后，也要了解一下学生的眼神，这对于我们正确释放自己的眼神很重要。孟子说："存乎人者，莫良于眸子。眸子不能掩其恶。"观察人的眼睛，是可以知道他的内心的。因为眼睛是心灵的窗户，掩饰不了他内心的虚假与不善。了解学生的眼神中都包含什么含义，会更有利于我们释放自己的眼神，也就是前面强调过的，对待不同的学生使用不同的眼神。

52. 懂得微笑，让自己更有感染力

一位教师曾经说："微笑上课应该成为现代教师的新形象和新追求！"在这个世界上，没有任何一样东西能比一个微笑更能打动人。而在学生的世界里，他们也更喜欢每天都能保持微笑的人，只要眉眼弯弯、嘴角翘翘，微笑所表达的温暖内容就能传递给他们。微笑是友好、亲切的代名词，会化解尴尬、矛盾，也能让人快速放松下来。

有位新教师因为班上的学生调皮捣蛋一直很头疼，所以讲课的时候也总是一副不高兴的样子。尽管她不高兴，但班上的学生却变化不大。一位老教师建议她，试试微笑一天来上课，尽量带着愉悦的神情与笑容。第二天课程结束后，新教师愉快地告诉老教师，这一天学生们都听话得多，就因为自己的笑容换来了学生们更多的笑容。

这是一个成功的例子，但这个简单的道理却并不被一些教师所接受。很多教师不苟言笑，总觉得这是一个有威严的职业，所以他们更愿意面无表情，认为这样就会让学生猜不透教师的想法，管教起来也就更有威严了。还有的教师则总是一脸严肃，即便有高兴的事也没什么太多兴奋的表情，结果经常是学生们刚兴奋起来，一看到教师的表情，立刻就蔫了下去。

很多学生会在背后议论这样的教师是令人害怕的人，甚至给有的教师起外号叫"面瘫"。虽然这也算是对教师的一种侮辱，可是从另一个角度来想一下，如果教师真的对学生和蔼可亲，他们又怎么可能如此放肆呢？学生也不都是从一开始就那么冥顽不灵，他们也会在环境中学会选择不同的情绪来表达自我。如果教师给了他们一个严肃、紧张、刻板的环境，他们势必会寻找发泄的途径。

所以，如果想要让自己更有感染力，教师还是要善于使用微笑这个表情，要用自己如沐春风的微笑来柔化、温暖学生的心。这样做不仅拉近了与学生的关系，也能提升教学的质量。而且，有医学研究证明，微笑的时候，大脑会释放更多的内啡肽，改善情绪，提高免疫力，对身体是有好处的。所以，就算是为了身体健康，教师也应该多微笑。

教师的微笑一定要是自然生出的，刻意的笑容会显得刻板而虚伪，也不利于情感的传递。所以要注意与眼睛、语言以及身体动作相互结合。如前所述，眼睛是心灵的窗户，皮笑肉不笑的假笑最让人反感，教师的微笑一定要笑达眼底。要做到这一点，我们内心就要充满善意与温暖，这样的微笑才自然，而微笑也要与语言相结合，微笑着对学生说"要加油""早上好""下次努力"，学生会感受到这微笑中的力量与情感，他们也会更愿意接受这样的微笑。当然，微笑也可以与身体动作相结合，比如微笑着拥抱，微笑着拍肩，微笑着轻点桌面提醒学生不要走神……微笑可以算一个万能表情，而且非常有用。

可能有人会问，微笑能解决问题吗？也许的确不能将所有问题都解决掉，但微笑却可以拉近师生间的距离，从而有助于问题的解决。尤其是一些原本笑容就少的教师，可以尝试着慢慢放开一些，在讲课过程中或者与学生交流过程中缓和一下面部表情，哪怕是淡淡的微笑也会让学生感觉更放松。

还有的教师又会说，情绪变化谁说得准，不高兴了还非得笑，这不是强人所难吗？但我们面对的是学生，是要靠我们传授知识、跟着我们学习德行的孩子们，如果我们只因为自己的情绪就对他们冷眼相向，如果我们只因为他们表现不好就对他们没有好脸色，那么我们也将失去他们的信任与喜爱。

不要将自己的情绪带到课堂上、带到学生们中间，学会自我调节情绪，学会释放心理垃圾，在进入课堂之前尽量调整好自己的情绪，保证能微笑面对。同时，也不要因为学生的表现不好而发脾气，学生本来就是在不断犯错、改正中成长的，在他们表现不好时给一个鼓励的微笑，会让他们有更想要努力做好的心，也能燃起他们的斗志，甚至都不用我们再多说任何话，他们就会自动寻找自己的问题，并及时改正。

总之，微笑应该成为教师的个人标签，要将其当成一种重要的教育资源和教育力量，并用它帮助自己建立和谐的师生关系，培养更多与自己一样会真诚微笑的孩子。

53. 让语言发挥最大的作用

教师是语言工作者，语言是教师最有用的工具。有教师说，好的课堂语言就像是一本书，是可以让师生回味无穷的；好的课堂语言也是一首歌，可以让师生心情愉悦。语言本身就具有巨大的能量，字字珠玑、掷地有声，无不是在说语言的魅力。

作为语言工作者，教师更应该将语言的最大作用发挥出来，以更好地传道、授业、解惑，引导、点拨、启发学生。

"教育的艺术首先包括说话的艺术，同人交流的艺术，教师的语言修养在极大程度上决定着学生在课堂上脑力劳动的效果。"苏霍姆林斯基这段话提醒我们，教师有必要提升语言修养，这是提高教学质量的要求。优秀教师的语言具有魅力，不仅能将知识讲解清楚，还能引人入胜，更具有感染力、幽默感，这样的教学语言会给教师的教学增加更多的魅力。

所以，若想要讲好课，教师就必须要磨炼自己的语言表达能力，追求高超的语言艺术，要让自己的语言成为帮助学生开启知识大门的钥匙。

教师的语言首先要有科学性，也就是要保证准确，不管是授课讲解、组织活动，还是日常的处理问题、沟通交流，教师的话语都要带有科学性，不能信口开河，专业性强是教师语言的一大特点，每一个概念、理论，每一句批评、表扬，都要准确清晰，来不得半点马虎。

要实现这一点，教师就必须增加自己的知识储备，必须拓展知识面，多学习、多了解，勤钻研、喜探索，将自己看到的、学到的内容内化为具有自己特点的话语，然后才能讲出既有个人特点，又不失真理性、科学性的内容来。

教师的语言也要有针对性，绝对不能反复说那么几句话，千篇一律、单调重复。在面对不同对象，在不同时间、不同地点，都要选择更合适的语言表达方式、内容。

比如，对不同性别、不同性格、不同年龄的学生，所说的内容就要有所变化。同样是一句"你应该好好学习"，对内向的孩子要委婉地说，对外向的孩子就要直来直去，对年纪小的学生要说得简单易懂，对高年级的学生则可以说得隐秘含蓄。否则，错误的语言表达就有可能给学生带来负面影响，起不到教育效果。

在不同的时间、地点，教师说话也要注意，在单独面对一个学生与全班学生都在场的情况下，和学生说话就要有区别。如果是无关紧要的话，在大庭广众之下说没什么，如果是要和学生讨论与他有关的比较私密的事情，尤其是不好的事情，最好还是由教师主动选择更合适的时间和更僻静的地点来表达比较好。

另外，教师上课时说的话与下课时说的话是要有区别的，上课要严谨严肃，下课可以轻松一点。和学生说话也要根据事情的不同有所变化，表扬、鼓励、批评、提醒，要注意及时转换语气与内容。

教师的语言要有足够的亲和力，这是提升教师语言艺术性的重要一点。亲和力包含对学生的爱和对教育事业的爱，一定要出于爱来表达，这样才不会让学生反感。同时，教师也要多用激励性的语言，学生更喜欢这种能激起他们热情的话语，原本他们就颇具有活力，教师带有激情的话也能成为他们努力的动力。

还有就是教师的语言要带有一些幽默感，也就是要有趣。孩子们更喜欢积极乐观的话语内容，经常进行一些幽默表达，他们会更乐意听，而其中蕴含的道理也就自然而然地进入到他们的内心之中了。

54. 学高为师，身正为范；进德修业，与时偕行

"学高为师，身正为范"，这是著名教育家陶行知的名言，意思就是，教师只有具备高才学、好道德，才能为人师，成为人们学习的榜样。教师要怎样才能做到这一点呢？自然是要像《易经》所说的"进德修业，与时偕行"了，也就是我们所熟知的"进修"。进德在先，修业在后；进德为主，修业为辅；进德为本，修业为末！德进不好，业再好也没有根，是空中楼阁。而且，也要变通趋时，把握时机，做出适于时代需要的判断与选择。教师应该做到在与时俱进的情况下德业双修，也就是既能保持自己高尚的品德，又跟得上时代，还能做出不错的成绩。这显然是对我们有了一个高标准、严要求。

曾国藩曾经劝诫兄弟说："吾人只有进德、修业两事靠得住。进德，则孝悌仁义是也；修业，则诗文作字是也。此二者由我作主，得尺则我之尺也，得寸则我之寸也。今日进一分德，便算积了一升谷；明日修一分业，又算余了一文钱。德业并

增，则家私日起。"在曾国藩看来，进德修业是人安身立命之本，穷则独善其身，达则兼济天下，修身、齐家、治国、平天下的原则，被他诠释得淋漓尽致，而作为教师，我们理应也将进德修业当成自己安身立命之本，只有这样才能真正做到"学高为师，身正为范"。

进德，提升道德素养，这是职业素养最根本的东西，也是最重要的东西。一个教师并不是只有讲好课才算是有职业素养的，最重要的是要有德行。师德优良，然后有好的专业能力，才能算是一个好教师。

进德需要教师的自我培养，德行并没有实体，它需要通过言行举止表现出来，需要通过思想体现出来。很多教师总觉得自己得不到他人的尊重，并抱怨做教师不容易，但抱怨之前，还是先看看自己有没有做到值得人尊重的程度，如果自己的德行尚不够，那也就不要怪他人的不尊重了。因为人人心中都有一杆秤，都有一把量尺，就算是学生，就算他考虑不到太多的事情，他也能分出善恶，更何况是周围的成年人。我们的表现会被学生模仿，他们的好与坏其实直接反映的都是我们自身的表现。因此，不论何时都不能忽略德行的培养，从最简单的见面打招呼到危急时刻的毫不犹豫伸出援手，教师要在德行方面多下些功夫。

进德之后才能修业，如果说德行决定着教师是不是敬业，是不是能向学生传递正确的价值观，那么业务能力就将决定着教师是不是有能力做到敬业，是不是真的能向学生们传递有用的东西。

业务能力是教师赖以生存发展的根本，不管入行有多久，不管曾经取得过怎样的成绩，教师永远都不能放弃学习，都必须保持不断学习与进步的状态。也就是说，不管到什么时候，都应该给自己订立一个职业规划，都要有一个继续学习、继续奋斗的目标。因为只要有了目标，学起来就会有动力，也就不会将精力只放在自己已经取得的成绩上了。业务能力都是越磨越精的，所以多学习对自己只有好处而没有坏处。工作之余提升自我，这也会让教师比起之前更自信。

与时偕行，时代在不停地发展，进德修业也不能"两耳不闻窗外事"，关注时代的进步，将之与自己的学习结合在一起，再向学生讲课时，也就更能贴近时代。教师自己也要与时俱进，将已有的知识与新时代的需求相结合，这样不管是讲课还是与学生沟通交流，又或者是进行教育研究，都能做出顺应时代的选择。

55.善于因材施教，启发学生

《论语·先进》中讲了这样一件事。

有一次，孔子讲完课刚回到自己的书房，学生子路便过来讨教说："先生，如果我听到一种正确的主张，可以立刻去做吗？"孔子想了想，才慢条斯理地回答说："总要问一下父亲和兄长吧，怎么能听到就去做呢？"子路听了点点头，转身离开。

他刚走不久，又一位学生冉有走了过来，同样询问孔子："先生，要是听到正确的主张，我应该立刻去做吗？"孔子马上回答说："去吧，你应该立刻去做。"冉有听完也走了。

一直在一旁侍奉的另一位学生公西华便奇怪地问孔子："先生，为什么一样的问题，您的回答却是相反的呢？"孔子笑着说："冉有性格谦逊，办事总是犹豫不决，所以我鼓励他要果断。可是子路却是逞强好胜的性格，做事鲁莽，办事不周，所以我就劝他遇事要多听听别人的意见，不要立即就行动。"

孔子的这个举动，便是因材施教的最好范例。同样的问题，对不同的人就要有不同的提醒和教导。否则，反而会让学生做错事。

每个学生都有其独特之处，如果用一种方式去教育，势必会出现有的学生"吃不饱"，有的学生却"消化不良"的情况。虽然从整体教学进度来看，教师需要保证课程进度不拖沓，但同时也要保证全班学生都能学会。所以这就需要教师能及时调整自己的教学方法，并用上因材施教这个法宝。

班里的学生大致可以分为三类：领悟能力强的、领悟能力一般的、领悟能力较弱的。针对三种不同类别的学生，教师的讲课内容就要好好分配。正常讲课的情况下，保证领悟能力一般的学生能接受，可以适当加入一些进阶的内容，让领悟能力强的学生也能有更新鲜的知识所得，同时也要有一些比较简单的知识点的解析，以保证领悟能力较弱的学生不会被落下。

不仅在课堂上如此，课下也要对不同类型的学生表达不一样的关心。对领悟能力强的学生可以给他们一些拓展性的提示，对领悟能力一般的学生就要提醒他们好好吃透教师讲的内容，对领悟能力差的学生就最好再详细地将基础知识讲解一下。

除了上课，学生个体本身也是各有优势的。所以我们也要勤于观察，多注意挖掘他们的长处，提醒或帮助他们弥补短处。但不管怎样，重点都是要让每个学生的长处得到发挥，哪怕只是劳动做得好，也要肯定他的表现，用他的优点来激发他的上进心，通过鼓励来让他有不放弃的念头。

是否能实现这一点，就要看教师的启发能力了。对于不同的学生，教师启发的发力点也要有所不同。对于脑子比较灵活的学生，教师只要轻轻一点拨就够了，说太多反而会让他觉得厌烦，但也要提醒他做事踏实，不能心浮气躁，不能心高气傲；对于一般的学生，教师的点拨就要能引发他的灵机一动，针对他的优势带动他的思维加速奔跑，但也要提醒这样的学生不能好高骛远，不能得过且过，更不能甘于平凡，而是要尽全力将自己所有的优势都发挥出来；至于说比较差的学生，教师就要格外注意他的优势，但同时也要认真分析他的弱势，让他在发扬长处的同时，也能弥补短处，使他不至于认为自己一无是处，至少也要有一两个闪光点，让他不要始终止步不前，而是要通过自己的努力追上大家。

总之，教师不要按照学生的"应该达到的水平"去开展教学，而是要掌握学生的实际水平，根据他们的实际水平去施教，这样才能保证所有的学生都会有好成绩。

56. 勤奋钻研业务，努力提升水平

优秀教师与普通教师的区别，不仅在于优秀教师在讲课、沟通、处理学生问题等方面游刃有余，更在于优秀教师对自己的业务勤奋钻研，永远不满足于现状。如果教师的水平不提升，那就可能跟不上学生需求的发展。所以，作为教师，我们勤奋钻研业务不仅是本分，更是能让自己业务精进的重要方法。

当教师忽略了自我提升，一旦自我被掏空，便不得不翻来覆去吃老本了。可是学生却并不是空木桶，不是说水装满了他们就满足了，他们是可循环的活水，需要不断地流入新鲜资源，他们才会让自己逐渐丰盈起来。学生对知识的渴求会越来越强，如果我们放弃了勤奋钻研，那么我们的教育很快就会失去对学生的吸引力，变得如同鸡肋。

所以，教师不要总将重点放在能把自己知道的东西教给更多的人上面，尤其是在自己的业务不过是取得了一点成绩的时候，不要沾沾自喜地去想着赶紧晒出自己的成就。相反地，教师也是需要沉淀的职业，要能安下心来潜心钻研，如果有机会去参加业务培训，就一定不要错过这个接受新知识、提升自我能力的好机会。同时，自己主动学习也是必不可少的，不要等着自己出了问题才来学习，就如前面提到的"日日新"，一定要有不满足的心理。

要提升自己的业务水平，还有个简单而有效的方法，那就是看看周围的那些优秀教师，他们都做了哪些事情，他们又有怎样的表现，然后对照一下自己，找找自己与他们之间的差距，尽全力弥补上差距就是了。当然，不是要学得和他们一模一样，我们要专注于他们的精神，领会他们的表现到底为什么算是好的，理解他们行为的原因，如果可以与他们交流就更好了，这样的学习是立体的，会帮我们更快进步。

另外，勤奋钻研业务也不一定非要自己独立应对，可以和其他志同道合的教师组成小组，大家一起讨论当前的教学情况，将所有人的点子都凑在一起，制订一个

小组共同进步的计划。这样，所有教师的业务能力都能得到提升，而且彼此之间还能互相帮助、互相提醒、互相督促，有了问题也能集体讨论获得最佳解决方案。

57. 在职业上不断取得进步

教师这个职业与其他某些职业不一样，有些职业的业绩是看得见的，如果画一个表格，每天完成多少工作量都是可见的，随着时间推移，工作量就会累积，一段时间之后，就能明显地看到自己的工作成果，也就是能很明显地看到自己每天的进步。

可是教师的职业成果在短时间内却是看不到的，教师是用语言工作的，也是用德行工作的。学生们学会了没有，有了怎样的进步，都是需要一段时间之后才可能得到验证，而且这个验证还不一定准确，有的学生万一发挥失常或者偶尔开了小差，我们也就没法得到确切答案了。正是这种情况，导致有些教师虽然知道要进步，可又没法衡量，不知不觉中就变得懈怠起来。

教育就好比是制造机器，经过漫长的工序之后，一台机器被成功制造出来，可是随着时代发展，机器总要更新换代，原本旧的机器若是不升级，就会被时代淘汰。同样，作为教师的我们必须不断学习新的理论，掌握新的技术，同时还必须不断揣摩、思考新知识与旧知识之间的关系，以保证不会"喜新忘旧"，同时还能与时俱进。有时候，我们还要走在时代的前列，要有前瞻性，要有预见性，只有这样的教育才不会被新时代淘汰。

有一个比较有效的进步的方法，就是每隔一个阶段就做一个职业规划，在规划中列出自我提升目标，列出这一阶段要做的事情，并标明要实现的结果。这个规划要目标明确，根据自己当前的情况来制定，不要只在脑海里有一些模糊的目标，而是要真真切切地写下来，并落到实处。

有了职业规划，我们再工作起来就会更有系统性。就拿授课来说，可以在职业规划上注明，授课的目标是要做到知识丰富、顺畅自如，这就需要我们不断学习，摄取大量知识；下次讲课的时候，也要保证这些知识能与课程的知识点相结合，这就需要我们不断思考，寻找知识点之间的联系，并用更巧妙智慧的语言去表达。这个过程是很具有挑战性的，显然与之前那种照本宣科是不同的，不下一番苦功不可能实现。

有了这样的目标，我们的工作自然也就不会单调乏味了，充满了新鲜感与刺激性，而且通过不断付诸实践，我们从学生的反馈中也能得到不断改进。这无疑是带我们走入优秀教师行列的一条光明大道。

有人说："敢于教书的人，从来都不会停下学习的脚步。"制订职业规划只是我们所能想到的方法之一，还有更多的方法可以促进我们的学习，并帮助我们在职业道路上取得进步。只要保持一腔热情，永不放弃，专心致志地完成自己应该做的事情，总能迎来成功。

还是那句话，在教育工作上要取得进步，很难在短时间内就见成效的，我们需要不断磨炼，也要和学生不断进行磨合，学生能不能出成绩，也是要靠时间与实践来检验的。所以，教师一定要有耐心，要脚踏实地、稳扎稳打，教师用心教育，学生用心学习，这样才可能看到成效。

58. 必有容，德乃大——心宽包容世界

为人应当有宽广的胸怀，宽容心会让人内心更容易趋于平静，不会轻易被外界事物激起情绪。而且，心宽也能让我们更冷静地去思考问题，不会只顾着扭转眼前

的局面而忽略了大局与未来。教师应该是严谨的人，也应该是心宽的人，严谨与心宽并不矛盾，但有的教师对此却总是把握不好。

比如，很多教师会觉得对学生的宽严尺度难以把握，学生犯了错误，如果处理得宽了，学生可能会感激教师，会主动改正，但更有可能会心存侥幸，自此反而更放肆；如果严了，学生也许会惭愧于自己的问题竟然让教师如此生气，可同样也可能会因此而惧怕教师或者怨恨教师。显然把握不好师生之间的宽严尺度，师生感情的发展是会受到不小的影响的。

《尚书·君陈》中说："尔无忿疾于顽，无求备于一夫。必有忍，其乃有济。有容，德乃大。"意思是说，不要愤恨那些冥顽不化的人，对一个人不能求全责备，不必要求他尽善尽美。要懂得忍耐，才会对自己有裨益，而心怀宽容，德行上就堪称伟大了。教育是心灵的艺术，宽容未尝不是一个处理学生问题的好方法。宽容得有道理，不仅能彰显教师伟大的德行，还能让学生从中有所感悟与受益。

首先，教师要意识到学校是允许学生犯错的地方，而不是要求学生十全十美。学生本身就在成长中，犯错是他成长道路上必然的元素，所以没必要以完美的标准去要求学生。就像苏霍姆林斯基所说，"教育，这首先是人学"。教育不是规章制度，不是死命令，不是强迫执行，学生对知识、理论、思想的理解总会存在偏差，犯了错，就意味着他理解有误，倒不如说这是好事。正是因为他犯了错，我们才知道他哪里不对，才能帮助他迈向更完美。所以对待学生的问题，不要觉得这是不应该，换个角度去思考，也许我们就不会太在意那些学生的不完美了。

其次，教师要对学生的错误放得下，也就是不能总是拿某一个错误来训诫学生。教师要学会"翻篇"，就算学生再顽劣，过去的错误也是过去时了，总翻陈年旧事，学生会觉得厌烦，会对教师产生抵触情绪。教师要学会用眼前的和未来的事情引导学生，让他能始终向前看，而不至于被过去的错误压得抬不起头来。

简单来说，教师不能记仇，有些错误可能是学生针对教师的，这时候教师应该先想想自己到底做了什么而让学生如此记恨。在这种矛盾面前，先考虑自己的问题，而不要想着日后怎么报复，这才是教师最好的表现。

有一位女士一直记着一件事。小学时候校长有一次召集她和班里的几个同学反映教师的情况，她是班干部，还是孩子的她也不会说谎，便和其他几个同学一起，将数学教师体罚学生的事说了出来。后来，得知详情的数学教师和班主任便觉得这几个孩子"胳膊肘往外拐"，认为他们是"攻守同盟"，对他们记恨不已。尤其是这个女孩，在后来的日子里，不仅天天被数学教师和班主任当堂训斥、讥讽，班主任还暗示全班同学疏远她。后来，女孩长大了，再也没有回学校看过这几名教师，因为她觉得自己受到了严重的心理伤害。

不得不说，教师以"惩罚"为名义如此报复一个小学生，这是很让人痛心的。教师若想学生对自己有好的评价，自己首先就要做好，严于律己，然后再宽以待人。真正的好教师，不会害怕被点出问题，更不会因此而心存报复心理。

最后，即便是要遵守制度和纪律，教师也要针对不同孩子的不同情况来柔和、艺术地处理。比如，有的学生欺负同学，批评教育、"叫家长"都不是好的处理办法，如果反过来，惩罚他"每天都要对同学微笑"，"每天帮同学做一件事，并记录下来"，时间长了，这个学生没准儿就转了性子。

对于未成年的学生来说，原则性的问题是肯定要管的，但是怎样能让他们接受这个管教，却需要我们多动动脑，柔和的、宽容的方式才是对学生最好的教育。教育是心心相印的活动，我们的宽容不仅会缓解学生的紧张感，也会给他带来改进的动力。

59. 有一颗与学生共成长的心

对所有人来说，成长都是一件令人欣慰喜悦的事情。教师在教育学生，期待着他们的成长，看着他们取得成绩，然后慢慢取得成就，这是一件很令人满足的事。但是，只看着学生成长就可以了吗？我们是不是太不在意自己了？教师一定要有一颗与学生一起成长的心，要保持学习热情，这样才能带领更多的学生成长。

教师与学生一起成长，对于教师来说是很好的提升自我的机会，而对于学生来说，也是一种激励与新鲜体验。毕竟，教师能放下身份与学生一起成长，而不是总高高在上显得自己什么都明白，这要让学生感觉亲和得多。

教师应该清醒地意识到，学生对知识的渴望是我们所无法预料的，他们会对自己感兴趣的领域投入大量的精力，甚至会比我们所能了解到的内容还要丰富。通过学习，他们的成长速度也将是令人惊叹的，而教师则只有跟上他们的成长速度，才能继续为人师，才不会因为"没得可教"而不得不被"淘汰"。

教师对知识学习永远都不要放松，对专业要精益求精，也要自己主动去拓展知识面。同时，最好对学生也要有虚心求教的态度。因为学生是受教育的主体，他们想要知道的东西理应被我们列入教育的内容之中，而他们比我们了解更深的东西，也应该是我们学习的内容，我们可以向他们求教，显示出自己对知识的渴望。这不仅能拓展自己的知识面，也会让学生意识到"教师都如此好学，我们又有什么理由不去努力"这样的道理。更何况，韩愈说，"弟子不必不如师，师不必贤于弟子，闻道有先后，术业有专攻"，知不足而知上进，才能避免这种难堪。

尤其是当遇到有学生质疑的时候，教师要宽容对待学生的挑战，要积极应对这种情况，仔细了解学生的质疑原因，认真检查自己的种种表现，不管是学生的误解还是真的是我们自己有问题，都不能闹情绪。真正学会面对这些事，我们就能获得成长。这也就是陶行知所说的："我们要向小孩子学习，不愿意向小孩子学习的人，不配做小孩的先生。一个人不懂孩子的心理、小孩的问题、小孩的困难、小孩的愿望、小孩的脾气，如何能教小孩？如何能知道小孩的力量，从而让他们发挥出小小的创造力？"教师与学生打交道，不仅是研究学生的过程，也是一个自我成长的过程。

在与学生建立融洽关系方面，教师必须与学生一起成长，这一点对于新教师来说尤为重要。教师需要了解学生，学生也同时在了解教师，此时教师也处在一个摸索的阶段，所以要和学生多进行沟通，在日常授课过程中要多注意观察，如果有问题就要当面和学生一起讨论解决，不能搞一言堂。教师与学生初次接触的时候正是与学生建立好关系的关键时期，也是奠定日后工作基础的关键时期，所以不能轻视。

另外，每接一拨新学生，教师也要与学生一起为搞好师生关系而努力，而每一届学生的到来，都意味着我们要开始新的学习，所以教师也要有长期学习的准备。事实上，与学生一起成长是一件很有动力的事情，学生日新月异的变化，不同学生所带来的挑战，理应激起我们自己也想要前进、不能被学生落下的斗志。

60. 给学生无差别的爱，把他们当自己的孩子

苏联教育家阿莫纳什维利说："如果我力图显示出自己对儿童真正的爱，我就必须以最完美的形式去显示它。"这里的最完美的形式，并不是指多么惊心动魄的形式，而只是最简单的要注意到各种细节。教师爱学生，有一个很基本的内容便是：要给学生无差别的爱，将他们当成自己的孩子那样去为他们奉献。

学生彼此是有差别的：有灵动一些的，有慢热一点的；有急脾气的，也有慢吞吞的；有的孩子在各方面都很努力，有的孩子则要小聪明；有的孩子表现得很优秀，有的孩子却处处都是不足……尽管有这样大的差别，但每个孩子都是独特的，都有独属于自己的闪光点。面对千差万别的学生，我们不要因为这些差别的存在便将自己的爱分成大小不等份来给出，而是要像阳光，灿烂地普照大地。

这种无差别的爱对学生的心理发展是有好处的，当学生们意识到教师对他们所有人的爱都是一样的时候，学习好的孩子不会觉得自己受到了优待，因此就不会沾沾自喜，不会过分强调自己的优势，他们也能更平静地继续努力，表现不好的孩子也不会觉得自己被教师冷落，也就不会自暴自弃，而是也想要回应教师给予的与别人同等分量的爱。这就是无差别爱的重要作用所在。正如苏联教育家赞科夫所说，"请你不要忘记，孩子们受到不公平的待遇，特别是这种待遇来自一个亲近的人（如教师、父母）的时候，他的痛苦心情会在心灵里留下一个长久的痕迹"。孩子们更

需要教师给他们无差别的爱，他们会因为能感受到这样平等的爱而欣喜。

要给予无差别的爱，教师就要站在一个公平公正的角度去看待所有的学生，不因为某个学生成绩好就特别偏爱，如果他出了问题也一样会批评教育他，不因为某个学生经常调皮捣乱就对他视而不见，而是能用智慧来引导他，帮他认识自己的问题，引导他好好学习。也就是说，对于不同的学生，教师要能根据他们的特点来采取不同的爱的表达，不要带着自己的私心，尤其是不要为了保证班级的高分率或者保证自己的奖金工资等各种利益而分配爱，教师的爱要表达得更纯粹一些。

除了给予无差别的爱，教师也要把学生当成自己的孩子来看待。平心而论，对待自己的孩子与对待别人的孩子，从心理上来讲是有区别的。对待自己的孩子会更加细心，也会处处为其着想，而对待别人的孩子则不然。教师应该突破这种心理，将自己所教的所有孩子都看成自己的孩子，用近似于母爱、父爱的爱来全心全意地对待他们。

中央电视台有一档大型公益寻人栏目《等着我》，其中一期节目中，有一位年过半百的女士叫林华，代表全班45人寻找与他们失散了45年的时爱霞教师。当年，刚刚大学毕业的时教师教育这群贫苦的学生，一定要自强、自尊、自信、自爱，教育他们珍惜粮食。在学生们实习的时候，时教师因为不放心，就坚持与学生们同吃、同住。林华因为有骨髓炎与腰椎炎，半夜旧病复发，时教师发现情况后，便一直拍着她的背，关切地询问。当时是冬天，又是三更半夜，时教师只穿着拖鞋出去敲了很多门，最终端了一杯开水进来，这让林华感觉暖到了心窝。对于这群16岁、刚刚离开父母且又贫困的学生来说，这位比他们大不了几岁的年轻教师，用自己的言传身教，引领了他们的生活，给予了他们家人般的关爱。

正是因为感动，所以全班同学才执着地寻找了45年，正是因为享受到了教师如对待自己孩子一般的爱，这群学生才对这位教师如此尊敬爱戴。由此可见，当教师发自真心对学生付出爱的时候，学生自然会更愿意接受教师的教育。

作为教师，我们需要付出的是如父母一般真诚的爱心，要关心学生的成长，不只是关注他们的学习成绩，也要关注他们整体综合素质的提升。但这种关注并不是整日在他们耳边絮叨，而是要善于观察、善于思考，像时爱霞教师一样，去用心发现并满足学生们的需求，让他们能体会到温暖与爱，教师的付出自然也会换来学生的爱。

61. 做一位少说、多听、勤做的好教师

为人应当少说话，多倾听，勤动手，教师更是如此，每位教师都应该努力成为一位少说、多听、勤做的好教师。

什么是少说？不是让我们减少说话的次数，对于教师来说，语言是我们工作中的主要工具，讲课、沟通、答疑解惑、彼此交心，都需要说话，可见表面行为上的少说是不可能的。所谓"少说"，是指不必要的话少说，会伤人的话少说，不必说太多的提醒，也不用说太多的批评。教师说出口的话一定要有智慧，在很多问题上不仅能传道、授业、解惑，更要点到为止，要有启发作用，引导学生自己去思考。

要做到少说，前提是我们一定要知道应该怎么说，在开口之前要在脑子里多过一过要说的话，将那些过重的、不适合说的话语剔除掉，不要一时性急就如竹筒倒豆子一般将话说出，否则学生的注意力会被过多的话引开，他会觉得教师真是啰唆、唠叨又麻烦，反而注意不到我们说话的中心在哪里。

当然，有时候不说也是一个很好的处理方法。比如，学生犯了错，不是没完没了地批评他，而是一言不发地看着他，或者让他自己一个人安静地想一想。我们一句话不多说，在这种静默的环境下，学生会不自觉地开始反思，他也会因为这种沉默而感觉到压力。

接下来就是多听，嘴巴的工作量减少，但是耳朵的工作量却要增加，要做一位善于倾听的教师。想要多听学生的话，就要鼓励他们勇敢发表自己的想法，多一些和他们沟通交流的时间，多问问题，少插嘴辩解，要让学生们将自己的想法都表达

出来，而我们听的时候也要有好的心态，原本就是带着要听到学生真实想法的心思去的，所以不管学生说了什么，我们都不应该有负面的情绪反应，而是要将听到的反馈与自己之前的言行举止相联系，回忆一下是不是真的如学生所说。当然如果是学生误解了，也不要立刻反驳，等学生说完了，再简单明了地解释清楚就好。

倾听学生的心事也是教师的任务之一，但是这种听就要求我们摆正自己的位置。我们可以暂时充当垃圾桶，接收学生在学习、思想等方面的种种牢骚；也可以是知心姐姐，做学生心理问题的辅导员；还可以是树洞，帮学生保守他们不方便告诉别人的秘密，而我们也要以自己的人格做担保，这些内容只进不出，不能随便就把听来的学生的秘密当成笑话在教师之间传来传去，也不能把一个学生的秘密随口说给别的学生听，学生的信任无比珍贵，一旦打破便永远都无法修复了。所以对倾听者这个身份，我们一定要慎重对待。

除了少说、多听，还有一项就是要求教师要勤做，即勤于实践行动。学习了新知识，要能将其运用到讲课中，或将其融合进自己的教育思想中。感觉自己有不足，就要立刻投入到学习中去，不要只感叹"跟不上时代"，而是让自己始终走在学习的前沿。如果自己出了问题，也要第一时间找原因，立刻付诸实践去改正，不将错误拖延下去，哪怕是对学生犯了错，也要立刻表现出改正的态度，拿出行动来，如此不仅缓解了学生的委屈情绪，也给他们做了知错就改的好榜样。

其实这少说、多听、勤做，也不只是在面对学生的时候要这样做，在面对同事、领导时，也同样要保持这三个好习惯。少说，会让人觉得这个教师不夸夸其谈，会觉得他更踏实；多听，会让人有"这个教师很虚心"的好感，而且多听也会在不知不觉间拓宽我们的视野，扩大信息面；勤做，则证明这个教师很勤奋，谁不喜欢勤奋的人呢？

由此可见，少说、多听、勤做的好习惯，不仅对学生、对他人是一种尊重，对教师自己也是一种激励，而做到了少说、多听、勤做的教师，就会显得更为稳重，也会成为一个名副其实的好教师。

62. 培养定力——现代教师的职业操守

定力，出自佛家语，就是拂除烦恼妄想的禅定之力。有定力的人，正念坚固，不随波逐流，不堕入物欲，不迷于假象，不动于名利。从普通人的角度来看，有定力的人会表现得相对稳重许多，为人不浮躁，可以静下心来做任何事，不会被周围任何事影响。不管遇到什么事，有定力的人都能冷静地去面对，并能保持头脑清醒，找到合适的解决办法。

对教师来说，定力也是必须要具备的一项职业操守。否则，如果一个教师没有定力，首先他就不会安下心来踏踏实实地学习，也就无法获取更多的知识，而是浅尝辄止，还会为自己已经拥有的知识而沾沾自喜。没有定力的教师无法控制自己的情绪与行为，稍有不顺心的事，他就会闹起来，即便面对的是小学生、学龄前儿童，也会只顾着发泄自己的情绪，不是唉声叹气就是大吼大叫，反而失去了教师的威严。更可怕的是，没有定力的教师，很容易就会被各种欲望所牵引，金钱、名利甚至是其他欲望，都会将教师引向歧途，而堕入歧途的教师是恐怖的，因为他伤害的不仅是自己和自己的家人，更多的是他所教育的学生。他对欲望的疯狂渴求，也将直接影响学生的三观，甚至毁掉学生的前途。可见，定力足够被看成是现代教师的一项重要的职业操守。

选择了教师这个职业，就要将培养定力也纳入进步规划之中。教师要做到全身心地投入到三尺讲台上，投入到对学生的教育事业中，投入到提升自我素养的努力中，真正做到好好教书、好好育人。

首先，教师要去除生活中的不良习惯，以赶走那些容易让人堕落的欲望。吸烟、喝酒、打牌的习惯不要培养，若是已经有了这些习惯就一定要戒掉；歌厅、舞厅这种地方不要再去，吃喝应酬这种事不是教师应该做的事情。

教师应该重新打理自己的生活，让自己的生活远离那些乌烟瘴气，多一些书香气和正能量。不用刻意迎合当下人的时髦潮流，保持自己一个简单干净的思想理念最重要。毕竟，我们谁也不是为了他人而活着，自己过得简单快乐就足够了。

当然，不是要求我们就此与所有朋友断绝关系，而是要远离那些会把我们拉进那种声色犬马的生活中去的朋友，寻找有好的志向、理念的朋友。虽然也不用刻意去教育他人，但是适当地规劝一下还是很有必要的，最重要的是要努力管好自己。

其次，教师也要经受得住名利与金钱的诱惑。现在的家长对孩子的教育重视程度是令人感叹的，他们会无所不用其极地帮助孩子上名校、拜名师，于是他们可能就会通过金钱及其他条件来诱惑教师。还有一些地方，会借用某些教师的名号，来创造所谓的教育品牌，借由这些教师的个人名气来炒作。不管是哪一种，教师都要能抵挡住诱惑，因为教师的知识、品德、才能，与金钱诱惑、人为炒作是不能进行等价交换的，一旦教师所拥有的学养变成了金钱诱惑与人为炒作的工具，那么它就不再具备纯粹的育人功能了。

教师教育学生，更多的是一种无私奉献，想方设法地把学生教好，是每位教师的本分，也是使命。教师应该把更多的精力放在自己的课程上，放在与学生的沟通交流上。要冷静面对自己取得的一点成绩，不沾沾自喜，不自骄自傲，时刻想着自己还有得学，有得进步，教育工作中还存在未解决的问题，自己的事业也尚不完善，要有自谦的心，也要有想进步的思想。

最后，教师要学会冷静处理所有事情，也就是要时刻保持镇定。教师的感情应该是内敛的，要有限度地释放。一个成功的职业人士，是不能让人看到自己面红耳赤、焦躁不安的样子的，尤其是教师。否则这样的表现被学生看在眼里就会让他们觉得"这个教师不行"。学生还要靠我们去教育，所以我们应该保持最起码的稳重。

第六章

师生关系——好的关系胜过很多教育

良好教育的开展需要教师有精湛的专业技能，也需要学生有强烈的受教渴求，教育是发生在师生之间的行为。显然，若要建立良好的教育，只是教师和学生各自单独努力是不够的，教师必须要与学生建立良好的师生关系，因为好的关系可以胜过很多教育。

63. 要读一读学生喜欢的书

之前曾经提到过，教师要养成读书的好习惯，除了专业类的书籍，其他种类的书我们也要有所涉猎，其中就包括学生喜欢的书。按照有些教师的片面想法，学生的阅读都很简单，甚至是只顾着娱乐玩笑而没有意义的，所以难道不应该是教师来引导学生，怎么还能跟着他们一起"胡闹"呢？但学生喜欢的书不一定就是不合理的，他们的阅读量与阅读范围，也并不一定是我们想象的那样。通过阅读学生喜欢的书，我们可以了解学生的思想和心理，通过他们的阅读内容，才能更快地走进他们的内心世界。

说到"读一读学生喜欢的书"，我们是只要拿过来看就够了吗？可不要这么简单地应付，最好还是多与学生们互动一下吧！

首先，要去学生中间了解他们的喜好，尤其是最近的喜好。有时候，一个班级在一段时间里可能都会开始看同一本书，大家在一起聊天聊的也是其中的内容，传阅往往是学生们之间阅读的一种习惯。从一个人开始，逐渐扩散到大家都知道，那么我们一旦了解了这种情况，就赶紧抓紧时机，也走进学生中间，去问问他们最近都愿意看的书到底是什么样子的。

这种了解不要带着审问的态度，而要以"我听说最近大家都爱看一本书，给我介绍一下，我也很好奇"这样让人感兴趣的话语开头，才会更容易让学生们接受。而且一定要走进他们中间，坐下来，和他们轻松地聊一聊他们感兴趣的话题，从中获取他们喜欢阅读的内容。

其次，读学生们喜欢的书，不仅仅是简单地一字一句地读完就算了。教师是成年人，同样一本书，从成年人的角度去看一定会与学生们有所区别，关注的内容也是不一样的。很多内容在我们看来，可能是幼稚且虚无的，可是学生却可能将其当成梦想。如果我们不在意学生的想法而直接从自己认知的角度去评价这本书是不值得读的，那么学生不仅会感到失望，也会因此拒绝再向我们介绍他们的喜好。

所以，拿到了书最好能与学生一起进行"分享式阅读"，问问他们对书中的内容都是怎么看的，要多注意他们看到的正向的、积极的内容，我们也不要固守着成年人的思维，要多站在学生的角度去思考，引导他们将正能量顺利释放出来。

同时，我们也可以将自己阅读过的、可以给学生带来同样感觉的书推荐给他们，这在不知不觉中就能让我们想要他们阅读的内容进入他们的生活。这样的推荐一定要自然，"我读过一本书，觉得里面也有类似的故事，你们要不要也试试看"，这样的对话体现的是一种尊重，学生们也许会出于好奇而真的开始阅读我们推荐的书。

学生对于自己喜欢的书，多半都会用很夸张的语言去夸赞其中的内容，或者将这本书讲得很引人入胜，这就要求我们要真的读进去，要去认真体会他们所描述的很棒的地方到底给人什么感觉。哪怕学生喜欢的只是言情小说，也要去用心发现其中所提到的有价值的内容。不要只是草草翻阅便觉得学生们读的都是没用的书，只有读进去才能发现学生们为什么喜欢这些书。

书中的正能量我们一定要保留，如果能用这样的正能量对学生开展教育，想必会比我们直接干巴巴地说教更有用得多。毕竟，对于孩子们来说，他们喜欢的榜样的力量可是无穷大的，要远胜于千万句的叮咛与嘱咐。尤其是在读书过程中，我们可以将被学生们忽略的东西指出来，提醒他们也要注意那些细节，这也不失为一个引导学生学会读书的好方法。

另外，通过认真阅读，我们会了解学生的心理情况。比如，懵懂的情感，梦幻的理想……我们要做的就是在阅读中把握学生们的思想动态，帮助他们认识真正的世界，保留他们对美好的憧憬，引导他们建立起正确的人生观与价值观。

64. 善于去化解学生的抵触情绪

教师与学生之间往往都会有一种很微妙的关系，教师会出于"想要为学生好"的心理而为学生付出，但相对应的，学生对教师的付出却并不一定愿意全盘接纳，尤其是当教师对学生有批评、质疑的时候，或者是教师不顾学生意愿下命令，而那个命令又让学生不喜欢的时候，学生对教师的抵触情绪就会非常强烈。

有一位教师就经历了这样的一次抵触。在一次上课过程中，她听见有男生先是"哎哟"了一声，接着是一部分学生的哄笑。她听得出来发出"哎哟"声的男生是谁，便对那位男生说："上课不许扰乱课堂秩序。"男生委屈地说："我没有！"可教师觉得他没有认识到自己的错误，不仅罚站，还让他第二天把家长叫过来。

尽管后来教师知道了事情的经过，是旁边学生向另一位学生借橡皮，在扔传的过程中，不小心打到了这位男生的头，他这才叫了出来，可是教师却只强调了男生扰乱课堂秩序的问题。从这件事之后，这位男生便很抵触这名教师的讲课，后来他经常故意气教师，总是与教师对着干，还不做作业，成绩也一落千丈。

由此可见，当学生对教师有了抵触情绪时，不仅影响师生关系，更会影响学生自己的学习。所以，及时化解学生的抵触情绪，正是建立良好师生关系、保证学生学习顺利的关键。

其实，学生的抵触情绪都是很容易理解的，他们会厌恶一切让他们感到不舒服的事情，教师的应对应该是有智慧的，不仅是表面上阻止学生的反抗行为，也要让他们能从内心深处不再与教师有抵触。

所以，当学生出现了抵触心理，教师首先要了解原因，可以从这样几个点来考虑：第一，学生的情绪状况是会随着成长变化的，在一定时期内他们可能会很敏感，一丁点小事都可能引发他们的情绪爆发，此时我们一句不当的话都可能导致他们的不愉快；第二，学生对教师也会有比较偏激的认识，一旦自己被批评，就会认为是教师在针对自己；第三，有时候家长的错误引导，比如有的父母会说"教师批评你肯定是你的问题"，会导致学生觉得教师只盯着自己犯错，所以他会抵触教师的接近；第四，还有的学生可能自小一帆风顺，从来没有遭遇过挫折，若是受到了教师的批评，就会觉得难以接受；第五，就是如前面那个男生一样，真的是被冤枉了，却没有得到教师的道歉。

有了原因，我们就要从这些根源入手，用情感来化解学生的抵触心理。要丢掉"以暴制暴"的想法，不要因为学生的抵触就心生愤怒，过于简单粗暴的方法，可能会使事态发展得更为严重，学生的抵触情绪也就会越发严重。

教师一定要保持冷静，在尊重学生的前提下，引导他讲出抵触的事情，不要妄自猜测，也不要直接就下定论，尊重学生对自己正当利益的追求。这个时候，冷静的劝说或者无声的等待都是可行的，可以等学生也冷静下来，然后再将我们的想法告诉他，用委婉的语言表达我们的想法。同时，我们也要坚信学生并不是故意要找麻烦的，多用情感去软化他的内心，好言相待，自然也不会换来学生的冷眼相对。

有的教师苦恼于学生并不理睬自己的苦口婆心，那就想想看是不是我们所说的内容有问题，只有说到学生的心坎上，他才能认真听进去，不会有反抗的心思。而且，一定要找到真正的原因，在了解中去教育，在教育中加深了解，才能做到对症下药。

随着成长，学生们的独立意识和反叛精神也会越来越强烈，对着干的情况也会越来越多。但是换一个角度去想的话，我们应该能发现这些有抵触情绪的学生头脑都非常灵活，这未尝不是一个帮助我们了解自己管理情况的好机会。改善不恰当的管理方式，不仅会化解学生的抵触情绪，对我们完善自己的教育工作也是非常有利的。

总之，我们要开动脑筋，让学生的情绪得到安抚，通过循循善诱，改变批评的方式方法，只有耐心教诲，才能帮学生赶走抵触情绪。而在日后的工作生活中，我们也要吸取教训，不要等着学生开始抵触了才想着扭转局面，平时最好尽量避免学生产生抵触情绪。以心换心是处理师生关系的好方法，多一些换位思考，不要总想着让学生体谅自己，而是自己要多主动去理解学生，当我们的感情与学生产生了共鸣时，学生自然也就会明白我们的苦心了。

65. 学会有效地与学生谈心

一位教师很苦恼，她觉得自己并不是一个合格的教师，虽然讲课还是可以的，但一与学生谈心，就完全达不到她内心的理想状态。说是谈心，可是这位教师却发现学生们总是喜欢用各种理由搪塞她，说话也不认真听，沟通起来很费劲。教师虽然对学生很真诚，但不知道是因为过于严肃，还是因为讲了太多大道理，总之学生们就是不愿意听她的话。这位教师的理解就是，谈心是要教会学生道理，可她的这个想法，一直都没能在实际中发挥效果。

与学生谈心，是教师工作中的一项重要任务。通过与学生谈心，教师可以了解学生当下的思想、情绪，有效的谈心会让教师从学生这里获得更多有价值的信息。对学生做到了解透彻，就能更好地运用适合学生的教育方法，对学生身上的问题也就能做到有的放矢地去解决了。但显然，从前面这位教师的现状来看，并不是所有教师都能顺利地与学生谈心的。

很多教师与学生的谈心之所以不成功，其实就是因为他们总带着讲大道理的姿态去谈，总想着要苦口婆心地给学生讲更多高深的道理，希望学生能因此而理解他们的苦心。尤其有些教师和学生谈心好像是训话，一副痛心疾首、恨铁不成钢的样子，总是说着说着就变了腔调，开始指责、训斥起来。

在这样的教师面前，学生又怎么可能会心甘情愿地讲出自己的心里话？他巴不得赶紧结束这场谈话，逃离被训斥的局面才是。所以，这样的谈心经常会出现一种情景，那就是教师说个不停，学生除了点头摇头说"我错了"，然后就再没有其他内容了。可学生真的愿意接受教师的那一大篇训话吗？当然不，学生会在表面认同，可是内心却指不定已经翻滚成了什么样子，甚至会对教师失了尊重之心。

那么，真正有效的谈心是什么样的呢？

第一，发自内心尊重学生。不要居高临下，不要摆出"我是权威"的架子，让学生感觉到教师真的只是想要与他像亲人、像同龄人一样聊天，帮助他慢慢放松心情。苏霍姆林斯基的建议是，"在影响学生的内心世界时不应挫伤他们心灵中最敏感的一个角落——人的自尊心"。这种尊重应该是一种平等的态度，教师要表现得平易近人一些，"来，我们聊聊天"。用这样的态度拉近与学生的距离，能使接下来的谈话更顺畅地进行下去。

第二，用亲和的语言。"你最近犯了那么多错，看看你的成绩，都掉到什么地步了"和"最近老师有些担心你啊，是有什么事不开心吗？学习也受到影响了"，两种说法哪一种更容易被学生接受？自然是第二种。同样的话语，换一种说法会让学生感觉更温暖，虽然直接说似乎更能切进主题，可是如果学生是一个内向且脸皮薄的孩子，那这种直截了当会让他觉得颜面扫地，而这时这场谈话在他的心里就已经变了味道了，他会觉得自己是在听教师的训斥，而不是在和教师谈心。

第三，教师最好先铺垫一下，然后再进入谈话主题。学生与教师坐在一起时，他的心情与他和朋友们坐在一起时的心情是截然不同的，此时的他更紧张。如果我们直接就切入主题，那他就会从头紧张到尾了。所以前面先来点铺垫，从其他轻松的事情开始说起，或者先从学生最近的好的表现起头，待学生放松下来之后，再慢慢地用委婉的方式将我们的疑问、学生的不良表现一一讲出来，让学生有充分的思想准备。

第四，既然是谈心，那教师也要说一说自己，不能只说学生。这种在学生面前敞开心扉的举动，也会让学生更了解教师，尤其是一些与学生相似的经历，教师当时的心情可能也会引发学生的共鸣，而教师对某些事的恰当处理，也会成为学生学习参考的榜样。尤其是集体谈心，教师的自我剖析会给更多的学生带来启发。如果遇到与教师有同样经历的孩子，那教师的榜样作用会更大。

66. 善于"捕捉"学生积极正向的一面

有些教师自认很操心，他觉得自己面前就是一群"熊孩子"，他们上课会搞小动作，平时也会调皮捣蛋，有时候也打架、争吵，还会和教师发小脾气，甚至与教师顶嘴。最重要的学习他们总是不在意，自己讲了多少遍他们都有可能学不会，有时候不写作业，到了考试出成绩的时候又让人头疼。学习成绩好的孩子动手能力却差，而处处助人为乐的孩子却只有体育成绩能拿得出手……一眼望去，"熊孩子们"每天都在教室里折腾得天翻地覆，让教师头疼不已。

但是事情真的是如此吗？曾经有一位励志演讲家，在演讲的时候与听众一起做了一个小活动。他先让听众在 30 秒内找出并记住房间里所有黄色的物体，接着他让听众闭上眼睛，又让他们在 30 秒内靠回忆列出房间里所有的黑色物体。很多听众有些茫然了，他们的脑子里全是刚才看见的黄色物体，一点都记不起来房间里有什么是黑色的。演讲家让大家睁开眼睛，听众向四周一看，却惊讶地发现，房间里黑色的物体远远多于黄色的物体，只是刚才大家专心致志地寻找黄色物体，而忽略了黑色物体。演讲家为这次小活动作总结，"让脸庞朝向太阳（黄色），你就不会看到阴影（黑色）"。

如果我们关注的东西都是灰暗的，那么我们眼中的世界便也充斥着种种消极、负面的东西，可如果我们更多地去捕捉正能量、捕捉阳光，那我们面前的世界也将会是灿烂美好的。这个原理用在教师与学生的关系之上，再合适不过。如果我们只是刻意关注学生的不好，那他们永远都是"熊孩子"，可如果我们专心捕捉他们好的方面，那他们也将变成我们眼中可爱的天使。

对待成绩好的孩子，不要苛求他做到完美，没有孩子能做到完美，他总会有弱点，难道因为有弱点便要否定他的成绩吗？这当然是太过严苛的想法了，应该允许学生有不足，鼓励他多多努力弥补不足。这当然不是让我们因为某个孩子学习成绩好，便忽略他所有的缺点，而是我们要通过肯定他的优点，来鼓励他正视自己的缺点，使他既不会因为成绩而沾沾自喜忽略缺点，也不会太过在意缺点而将自己逼入死胡同。

对待成绩不好的孩子，更是不能只抓住他成绩不好这一点便彻底否定他整个人。乐于助人，手很巧，会画一手好画，会唱很多歌曲，经常帮助教师拿东西，对每一位教师都非常有礼貌……每一个闪光点都能让学生在我们眼中变成好孩子。这些积极正面的表现，若是能得到教师的赏识，这对孩子来说也是最大的鼓舞。

对待有特长的孩子，要重点关注他的特长，可是我们也不能只关注他的特长，也要看到他在其他方面也是有好的表现的，这会帮助孩子发现更好的自己，让他意识到不是只有一点好就足够了，他也要努力去完善自我。

对待普通的孩子，也要能在不经意间抓住他的微小的闪光点，哪怕是他灿烂的微笑，也是足够让我们给予他肯定的。对于这样的孩子，每一个小肯定，对他都是一种信心能量的提升，他会意识到原来自己并不是一无是处，这也会激发他努力的激情。

当然了，学生不可避免地会犯错，那么犯了错的孩子就无可救药了吗？当然也不是。错误是孩子成长中的必然，我们不能因为这些必然的错误就毁掉他有无限可能的未来。用他的优点来带动他改正错误，让他明白，他依然是个好孩子，只是这一段时间走了点弯路。当我们始终用这种积极向上的评价来对待学生时，他们的眼前也会出现我们所看到的阳光，这无疑是最大的鼓励。

而最重要的是，对于我们来说，每天都看到满满的灿烂阳光，这也非常有助于调节我们的心情。我们积极乐观的心态与表现，会让学生们受到感染，这也有助于他们建立积极乐观的心态。

67. 满足学生积极、合理的期望

曾经有人采访了从幼儿园到小学的很多孩子，问他们理想中的教师到底是什么样子的。尽管孩子们各不相同，可他们的回答却是惊人的一致："亲切，会微笑，有理解心，有耐心，能帮助人，公平，享受教学，值得信赖，了解并相信学生，冷静，讲课有趣，不当众训斥学生，经常鼓励学生，永不放弃学生……"

有的教师可能会觉得，这些都是教师必须做到的，可是我们能做到什么程度，是不是真的做到了，只是我们自己判断是不够的。从另一个角度来说，这些也都算是学生积极且合理的期望，所以期望是不是实现了应该由学生们来判断。

致力于做一个好教师是每一位教师的愿望，在努力做好自己认为应该做的事情之后，不要觉得自己表现还不错，而是要去学生那里求一个反馈，只有亲自体验过我们表现的学生，才能给我们一个最真实的回答。

所以，趁着谈心、交流的机会，问问学生们对教师都有怎样的期待，看看自己平时哪里其实并没有做到或者做得还不够，然后努力满足学生们的期望吧！

首先，要了解自己在学生们心中的形象。可以通过日常的交流，或者干脆也搞一个小调查，让学生们将他们眼中教师的优点和缺点都列出来。那些收回来的调查结果，可能会有全是优点、一条缺点都没有的回答，对于这样的答案可不要沾沾自喜，因为这很有可能是学生不敢写，他只是希望只写优点来让教师对他留下好印象；也会有优点很多、缺点很少的回答，这也不值得我们自豪，因为有的学生会试探性地写一些无关痛痒的缺点，这其实与没写也没太大区别，也是他们不希望得罪教师的表现；当然也会有缺点多于优点，甚至全是缺点的回答，对于这样的答案，我们反倒是要重视起来，是谁写的并不重要，重要的是要意识到自己的表现其实是不完美的，好好看看那些内容，确认它们是不是真的存在。哪怕是只有一个学生提出来问题，我们也要正视它，要好好地回应学生的期待。

其次，对于优势与缺点，都要冷静面对。优势是我们表现好的地方，但并不是所有学生都会提到这一点，可能有的学生并没有感受到，也可能有的学生感受到了却没有太深的感觉，所以做到了并不代表做得好，对自己要求严格一些不是坏事。而且，更好地表现自我，会让学生们感受到来自教师的真心。

而缺点则是我们重点要关注的地方，没做到、没做好，或者是压根儿就忽略了，这些都可以被归类为我们教育中的失误。认真对待这些失误，不要觉得是学生在强求，多看到自己的努力不够，少抱怨学生的要求太多，这样的心态会让我们更愿意付出努力去满足学生。一定要让学生看到我们的确是虚心接受并努力改正了，要让他们看到我们的变化才行。

最后，要经常虚心地听取学生对我们满意程度的反馈。事实上，这种倾听学生心声的表现，也是对学生期望的一种满足。哪个学生不希望教师能听到自己的诉求呢？隔一段时间就来个类似的小调查，一来看看自己做得好的地方有没有退步，二来看看自己哪里还能再完善，做得更好，三来看看自己是不是还有遗漏的。不要妄想自己一次性就能弥补所有缺点，就能做到顺利回应所有学生的期待，教师也是在不断成长的，这也是一个过程，每次完成一步，认真回应一个期待，让学生意识到我们从没有放弃努力才是正确的做法。

68. 切忌对学生冷嘲热讽、唠唠叨叨

　　作为语言工作者，教师应该意识到自己出口的每一句话都可能会给学生带去或正向或负面的影响。多对学生说积极鼓励的话，他一定会受到鼓舞。相反地，若是时不时便冷嘲热讽、唠唠叨叨，学生也会对教师心生厌烦，而一旦学生生出厌烦之心，对教师来说，事情就会变得比较棘手。学生可能会变得不听话，明里暗里地和教师对着干，不尊重教师，不听从教师的指挥，以至于接下来的所有教育工作可能都会无法正常开展。

　　这么糟糕的结果可不要任由其发生，作为教师，我们不要一时间快活了嘴，用一些难听的话堵死了自己发展的道路。所以，对待学生，一定不要冷嘲热讽，也不要唠唠叨叨。

　　一般冷嘲热讽的情况，多是教师自己的想法引发的。有一个教师的经历是这样的，一个学生在写作业，可是作业本上错误连连，教师觉得，很简单的知识学生却大错小错不断，忍不住嘲讽学生说："太笨了，这么简单的知识讲多少遍都不会，真是反应迟钝。"学生感到不服气，忍不住说道："我下次就会了。"可教师觉得学生顶嘴是不对的，便反驳道："如果你把时间都花在用脑上而不是用嘴上，我想你早就会了。"学生觉得很不舒服，便嘟囔了几句，教师却觉得学生是在质疑他，是在挑战他的权威，觉得自己没有得到应有的尊重和认可，并因此开始了越发严厉的冷嘲热讽……最终，这个学生和这个教师之间出现了无法调和的矛盾。

　　这种因为冷嘲热讽带来的心理伤害是会持续很久的。一位已经做了妈妈的女士回忆说，上小学的时候数学教师就总是当着全班的面讽刺她，因为她数学成绩非常差。教师当堂批改作业的时候，就会一边叫着她的名字，一边冷笑着说："哎哟喂，你可真行，这作业写的，一道对的没有，脑子真是白长了。"作为一个女孩子，她一直都抬不起头来，而在她后来的学习中，对数学厌恶至极，当然，对数学教师也没有任何好感。所以，她非常希望自己的孩子日后不要遇到这样的教师，不要经历

她所经历过的那些"屈辱"。

学生做得不对、不好的情况时有发生，作为教师，我们本来就有教导、督促他们的责任，哪怕还剩一个学生没学会，我们也应该多考虑一下是不是自己的教育方法没有对这个学生的症，而不是抱怨这个学生的问题。

学生不是与我们针锋相对的敌人，何必那么焦躁呢？我们越是冷嘲热讽，越会让学生的注意力发生转移，而且这种冷嘲热讽会给学生贴上负性标签，让他产生错误的自我认知，这无疑会促使他变得越发不能做到我们所期待的事情。而且，教师是人类灵魂的工程师，冷嘲热讽的语言都算是负面消极的语言，对学生灵魂的塑造是有害的，如果造成这种情况，这也是我们的失职。

教师应该再有耐心一些，对学生出现的问题、错误，也要看得再透彻一些，不能只是单纯发泄自己的不满。每个人都有自己不擅长的事情，所以不要仗着自己是教师就随便在语言上欺负学生。多一些鼓励的话语，多看到他的闪光点，多抓住他的特点来引导他。或者说，教师一定要多动用智慧，不能只凭意气用事，情绪不应该左右教育的方式。

除了不能冷嘲热讽外，也不能唠唠叨叨。有的教师似乎觉得"多说几遍学生就能记住了"，于是便对同一个问题反复地说，没完没了地说，有的时候一连好几天看见同一个学生可能说的都是同一个问题。学生最不喜欢的就是被唠叨，这一点在他们讨厌爸妈的唠叨上就可见一斑了。教师不应该成为唠叨的人，教师的每一句话都应该是简洁明了且有智慧的，应对学生起到点拨和启发的作用，能让学生感受到教师语言中的教育智慧最好。

尤其是那种喜欢翻旧账、对学生"新仇旧账"一起算的唠叨，这是最让学生厌烦的。学生会觉得自己在教师眼中就是一无是处的，这种感觉一旦产生，最终只会有两种走向、一种结果。一种走向是，这个学生越发自卑，觉得自己果然什么都不会，教师记住了自己所有的不好，看来自己是没前途了；而另一种走向则是，学生被唠叨得彻底烦了，就算有能力也想要故意和教师对着干，干脆彻底什么都不做了。最终，不管哪种走向，都会让学生变得自暴自弃，前一种是被动放弃，而后一种则是主动放弃前进的可能。

教师要善于运用自己的语言，用语言与学生建立起更为和谐的关系。不冷嘲热讽，是对学生最起码的尊重；不唠唠叨叨，则是让学生在言简意赅的提醒中去自我领悟。适当的时候，我们倒不如选择无声的教育，眼神、动作都是教育他的好方法，引导他自我反省、自我努力，才称得上是高水平的教育。

69. 跟学生一起欢笑但又不失权威

欢笑是一种最有效的药物，每当人们大声欢笑时，大脑中的内啡肽就会被释放得更多，人的免疫功能便因此得到提升，心情愉悦的同时，身体健康也得到一定的保证。身处充满欢声笑语的环境中，人的身心会得到更大的放松，也会觉得生活更加快乐。

这个道理绝大多数的人都是心知肚明的，教师庞大的阅读量也让我们对这一道理了如指掌。可是，很多教师却并不会将它很好地运用出来，下班回家后，他们可能还会有一些欢笑，毕竟不是工作时间，相对来说整个人也会放松许多。可是在学校里，在班级中，面对一群孩子的时候，更多的教师习惯性地一脸严肃，意在表现自己为人师表的威严。有的教师认为，总是对学生们笑嘻嘻的，或者和他们一起欢笑，会让学生们觉得教师好欺负，而且上课是多么严肃的一件事，教育学生也是多么沉重的一副担子，怎么能用笑来应对呢？

但是爱笑是孩子的天性，曾经有调查表明，一两岁的孩子每天平均要笑170次，欢笑让他们的生活充满快乐，而成人每天平均才笑7次，可见成人是多么可怜。如果教师连这7次都放弃了，那么学生们也会对不懂欢笑的教师敬而远之。当学生们发现不能与教师一起欢笑时，他们内心对教师是失望的，而他们的这种心情也将直接影响他们对教师教育工作的配合程度。也就是说，教师越是严肃、不苟言笑，想要约束学生，反倒越容易遭遇他们的抵抗，课堂也就会越发难管理。

相反，若是教师能在适当时机与学生一起欢笑，给他们一些笑容，那么当笑容出现的那一刻，我们就会看到奇迹发生。教师的笑会换来学生们的惊喜，他们会更乐于与教师产生互动，以期待看到教师更多的笑容。孩子都是有"向乐性"的，教师的笑对他们更有吸引力。

所以，不要害怕与学生一起欢笑会失去权威，与其担心那个，倒不如动用智慧，想想怎样能不失权威地与学生一起欢笑。

教师要放下心来接受学生们的欢笑。学生们的笑有时候可能是恶作剧，但有时候也是具有聪明意味的"笑果"。比如，有的学生在回答问题的时候妙语连珠，把一些电视剧的台词和课堂内容联系在一起，学生们被逗笑了，那我们应该怎么想？不要觉得这个学生怎么这么贫，换个角度去思考，他能头脑灵活地将生活中的事物与课堂联系在一起，这也不算是坏事。所以，放心地笑一笑，肯定的不是学生"油嘴滑舌"，而是他思维灵活勤动脑，趁势鼓励所有孩子都多动脑筋，不仅联系电视剧，也要联系生活，联系自己的实际行动，让知识在他们的头脑中活起来。

当然，教师也可以主动引发欢笑。学生们在欢笑，教师也可以跟着一起很开心地笑，这会让学生们感到教师的亲近，而如果教师能主动引发欢笑，并陪着学生们一起笑，这更会给学生带去惊喜。

比如，讲课的时候，教师将最近流行的电影、电视、动漫或者时下流行的事物穿插进去，尤其是一些幽默的桥段，让学生在欢笑中去学习，不仅会令他们记忆深刻，也能毫不费力地调动课堂气氛，即便是最不愿意学习的孩子，也不会放过这个可以与教师一起尽情欢笑的机会，而我们的表情就要柔和一些，因为是自己主动引发的欢笑，所以自己的笑容就要自然而然地表现出来。

至于教师的权威，权威是蕴藏在欢笑中的，而不是表面做出来的。真正有权威的教师，即便是笑着，也不会被学生轻视。我们的欢笑也还要注意得体的仪表形态，而不能完全没有形象地傻笑、狂笑、敲桌子笑、拍大腿笑……还有一个细节要注意，就是我们的欢笑也要比学生的欢笑结束得早一点，提前收一下，这样更方便我们收回学生因为欢笑而跑散的心思。

70. 记得向学生说"谢谢"

"谢谢"是生活中非常常见的礼貌用语，它的魅力就在于，经常接受"谢谢"的人会变得内心舒畅，而且为了能获得更多的"谢谢"，就会表现得更好。这一点在孩子身上尤为明显。

有位教师所带的班级里有一个男孩，平时学习不上心，成绩一塌糊涂不说，课堂纪律也总是被他经常性的胡言乱语而扰得一团乱。但是有一天自习课，有事外出的教师回来后，发现班里的孩子们安静得很，完全没有以前那种叽叽喳喳需要教师维持纪律的场景。一番调查后教师得知，正是那个男孩因为班里同学太吵闹而觉得不舒服，便维持了一下班级纪律。自习课下课后，教师特意找到了那个男孩，感谢他为维持班级良好纪律而做出的努力。教师的感谢让男孩惊讶而又不好意思。在这之后，教师发现男孩的表现好了许多，于是在随后的日子里，教师会抓住他点滴的好表现对他表示感谢与鼓励。男孩也开始为了自己努力，上课的表现有了进步，成绩自然也比之前提升了许多。

教师给予的感谢给学生带来的影响是巨大的，它是完全"免费"的，我们不用付出任何代价便可以表达出来，这是出自我们内心的情感。通过这一声"感谢"，学生就会知道我们是关心他的，他会觉得自己获得了赏识，这也能促使他不断进步。同时，这种感谢会让学生更清楚地意识到自己什么样的行为是正确的，他会获得更为正向的引导。如果学生们能从我们这里获取更多感谢，那么他们也将自发地建立起一个积极向上的学习环境。

因此，不要放过生活中的各种小机会，巧妙地使用"感谢"，来让学生接受更多、更积极的影响吧！

首先，对于学生的任何一次举手之劳都要表达感谢，一定不要觉得这是理所当然的，便心安理得地享受学生对我们的帮助，而是要及时将我们的感谢之情表达给学生。尽管他们只是帮忙开了一下门，拿了一点东西，但我们也要用"谢谢你的帮助"这种表达来对待他们。如果是教师向学生提出的请求，接受了学生们的帮助之后，就更加不要忘记感谢了。

其次，从教师的职业特性来讲，正是有了学生的存在，才有了教师这个职业；正是学生们的个性迥异、各有特长，才激发教师不断磨炼与提升自己的教育专业能力；也正是学生不断出现问题，才会促使教师激发自己的潜能，将自己所学的美德传统通过学生传承下去。所以，教师理应对学生常怀感恩之心，要改变之前的心态，不要总是"恨铁不成钢"，而是要学会接受挑战，感谢学生让教师有机会成为更好的自己。可以说，就是因为有了学生的存在，教师才能寻找到自己的奋斗根源。

再次，用训斥去解决学生的问题这是效果最差的教育方法，其实也可以尝试使用感恩之心来化解学生的问题。比如，有位教师在讲课的时候会经常对学生说，"谢谢你愿意分享你的知识，如果你想说得更多，我们下课后可以继续聊""谢谢你没有继续和同桌讨论课堂外的问题，虽然很难，但我知道你能做到，谢谢你的理解""谢谢你帮助我发现了自己讲课的失误，这里一定是我没讲清楚，我们可以再仔细地讲一遍""谢谢你这次记得把作业拿来了"……这些"谢谢"都带着种种暗示，让学生们哪怕是为了自己的面子也要迅速停止自己不恰当的行为,而教师只是使用了"谢谢"，没有其他的废话，既不浪费自己的时间，也不消耗自己的精力，更没有耽误课堂的时间，岂不是一举多得？

最后，用健康快乐的心态去表达"谢谢"，这是对教师最起码的要求。不要带着一种讽刺的心理去说，"我谢谢你了"，类似这样的表达很明显就是正话反说，反而会激怒学生，一定要用真诚自然的态度去表达。事实上，如果我们能保持积极健康的心态，就会发现学校工作也是很美好的，常怀感恩之心，也会促使我们发现工作中更多美好的瞬间，会意识到学生们都是可爱的，这无疑会调节我们的心情与情绪，也有助于教学工作更为顺利地开展下去。

71. 用真心与真情唤起学生奋进的力量

每个学生在入学之初，都对学校抱有幻想，也对自己抱有希望，而随着学习进度的推进，学生们之间便会出现大大小小的差距，有的学生会自我努力前进，有的学生却因为种种原因而跟不上进度；有的学生会发现学习的乐趣，但也有的学生眼中只看见学习的枯燥无味；有的学生在失败面前越挫越勇，而有的学生却在一次失败之后便一蹶不振……作为教师，我们是不能看着学生们向两极分化的，而是应该通过充满智慧的教育方法，来帮助所有学生产生积极向上的奋进力量。要做到这一点，教师一定要具备真心与真情。

所谓真心，就是教师真的有为学生着想的心思，要真的想要通过自己的努力来帮助学生跨越难关、战胜困难。这份真心不能与利益挂钩，不要有"拿人钱财，替人教育"的心思，如此一来我们的付出非但不真心，还会把教育变成一种可供交换的事物，这会让教育变得不纯粹。而没有付出真心的教育，便也只是在完成应尽的责任，教完课就够了，有问题解答就够了，其他的恐怕也就不会再多考虑了。教师变得如此冷冰冰，学生又怎么可能愿意学习？教师没有用自己的真心来引导学生，学生又怎么可能发现学习中的乐趣？所以教师要对教育有真心，要对学生有真心，这样才可能唤起学生对学习的真心。

而所谓真情，则是要求教师对自己的这份工作要付出真感情，对学生更要有真感情。教育不是简单地将一本书上的文字灌输到学生们头脑中就算完了，教育本身就蕴含着诸多情感，教师准确而恰当的情感流露会唤醒学生想要奋进的热情。也就是说，如果教师在教育方面付出真情，对学生有真情，那么学生就会感应到教师的这份真情，从而给出回应。

由此可见，教师只有对教育工作、对学生真心真情地付出，才有可能让学生产生学习动力，而教师的全身心付出，也会让学生收获感动，并更想要通过好好学习，获得好成绩，予以回报。这个过程会形成良性循环，也会自动自发。

所以，在学生面前，教师要显现出对教育工作的热爱，每一天的工作都要热情满满地去面对。对于遇到的每一个问题，都要认真负责地去思考，对待学生，也要表达出真正的喜爱之情，让学生们意识到，这个教师是真正热爱自己的职业的，也是真正热爱知识与学生的。

为了点燃学生的激情，促使他们更加积极地奋斗，我们在每次讲课的时候，要调动自己的智慧，将看上去枯燥无味的知识讲得更有趣，让学生们相信自己的学习是有价值的，也让他们意识到，自己的努力付出不是白费时间与精力。教师要成为一个具有感染力的人，将真心与真情灌注到课程内容之中去，也灌注到平时与学生的沟通交流中去。这就需要我们提升自己的专业技能与职业素养，而且每天都要保持自己的激情活力，让学生能时刻感受到知识的魅力，感受到智慧的伟大，感受到受教育对他们来说是再美好不过的一件事，这样他们的动力就会被激活，进而产生不断奋进的力量。

72. 善于给"问题"学生理性的爱

每个教师都会面对那么几个"问题"学生，有的是学习成绩令人着急，有的是品行方面让人担忧，有的脑子不够灵活，有的调皮捣蛋，有的懦弱胆小……这些问题不仅让学生们自己备受困扰，教师也跟着着急。

对于"问题"学生，所有教师在一开始都还是比较有耐心的，有的学生的问题相对好解决一些，或者说看得到解决的"曙光"，教师只要加把劲，只要不放弃他，再加上他自己的努力，就能见成效，而有的学生，倒不如说是大部分的"问题"学生，一旦问题出来了，那几乎就是根深蒂固的，教师若是没有合理的处理方法，加上学生不那么配合，随着时间的推移，有的教师对这些"问题"学生也就从最开始的耐心与热心，变得习以为常，直至最终冷漠，视若无睹。到最后，在很多教师眼中，"问题"学生就是不能给好脸色，对待他们也就多了一分不耐烦甚至是厌恶，即便对方不过是小孩子，不少教师看见这样的学生也忍不住训斥、冷嘲热讽。

可换一个角度来想想看，学生是来求学的，学生出了问题，理应由教师帮忙解决，可我们对"问题"学生摆出难看的脸色，对他们不理不睬，对他们收回我们的爱，这哪里是好教师的所为呢？前面已经提到过，教师应该给所有学生平等的爱，对"问题"学生也理应如此。

教师要给予"问题"学生更为理性的爱。什么是"理性的爱"？那就是要对"问题"学生一分为二地看，明了他的缺点的同时，更要注意到他的优点。要意识到"问题"学生本质都不是坏的，如果我们不愿意给他爱或者给他不够平等的爱，反倒会让他变得越发心灰意冷，如果连教师都不愿意再爱他，他当然也就越发滑向自暴自弃的边缘了。教师不能只注意到"问题"学生的缺点，也要真的从内心深处去思考，应该用怎样的爱的表达来打动这些学生，并帮助他们进行改变。

所以，我们要了解"问题"学生出问题背后的根本原因，如果只将注意力放在扭转他表面行为之上，那就只能是治标不治本。尤其是用不恰当的方式强迫学生的时候，不仅起不到纠正的效果，还会让他内心受到伤害。而且，有些问题只靠好言相劝、苦口婆心是不够的，教师必须要走进"问题"学生的内心，通过剖析最深层的原因来解开他们的心结。

同时，也要针对"问题"学生自身的特点来开展教育。比如，有的学生反应慢又内向，总是直截了当地批评他是不可能有效果的，反而还会导致学生因此变得自卑。对于这样的学生，我们要讲究柔和策略，不去触碰他敏感的内心，多给予鼓励，对他一丁点的进步都要给予肯定。一定要有耐心，并对他有信心，这样才能更好地帮助学生。

不仅如此，我们也要懂得使用一些迂回战术，如果很明显地对某一个学生表现出异常的热情，那么不仅是这个学生会感到不自在，其他学生也将因此有各种想法。所以我们不如针对这些"问题"学生的特点，在全班开展合适的活动，让所有的学生一起努力，这样既不显得突兀，也能促进班里学生与"问题"学生之间的关系。

总之，学生问题的形成不是一天两天的事情，要彻底解决也不是短时间就能实现的。作为教师，我们要用理性的爱来感染学生，用足够的耐心来表达自己的不放弃，让每一位"问题"学生的心田都能够得到滋养并逐渐被温暖，使他们不再冷漠，变得阳光起来。

73. 要悦纳学生的各种不成熟

"你们太幼稚了！"这一定是相当一部分教师对学生的评价。学生的许多话语、行为、思想，在很多教师眼中简直就是小儿科，越是年龄小的孩子，教师的这种感觉越明显。可是我们明明知道孩子是幼稚的，却并不愿意接受他们的这种幼稚。

一个教师训斥一个不好好学习的小学生说："你现在就不好好学习，没有好习惯，干什么都丢三落四，将来怎么可能考得上好大学？怎么可能找到好工作？你将来什么都做不好，那不就是个废人吗？"

这段话听起来很严厉，而且对于一个小学生来说，告诉他考大学与工作的事情，真是太遥远了，就他目前的情况来看，他所关心的最远的事情，可能就只是初中会去哪里读，而不是考虑十年以后才可能想到的问题，而原因就是他现在的思想还不成熟，他不会想到那么远，他只能注意到自己眼前的事情。教师应该纠正学生眼前的问题，用更现实的态度来面对他的不成熟，并通过自己的努力进行教育，来让学生一点一点成长起来，而不是让他速成。所以，此时教师倒不如直接对这位小学生说，"如果你今天依旧不写作业，那么明天你就只能在放学后留下来补齐作业才能回家了"，这样的话对他来说会更有震慑力。

也就是说，教师要接纳学生的种种不成熟，包括他幼稚的言语、行动，以及可能没有实际意义的思想。不仅要接纳，还要悦纳，就是要心平气和且宽容地接纳，不能"不情不愿"。

要做到接受学生的不成熟，教师首先就要意识到他们是各方面都还没有发育成熟的孩子，所以他们的言行举止处处都会带着幼稚。不要用对待成年人的态度去对待一个孩子，否则他们会跟不上我们的思维节奏，也并不能理解我们为什么要那么情绪激昂。对待什么年龄段的孩子，就要用什么样的话语，这也是对教师能力的一种考验。一定要多考虑孩子们的实际情况，站在他们的角度去理解他们的言行，这样才能与他们产生共鸣。

有的教师觉得，要促进学生的成长，不是应该鼓励他们树立理想吗？拥有理想的他们肯定要比现在的他们成熟啊！树立理想没问题，但这并不意味着要把孩子们拖进成年人的世界。理想是什么？是行动的目标。那么怎样才有实现的可能？当然是要贴近学生的实际去努力。不要引导学生树立空玄的理想，即便是小学生，也要鼓励他们从自己的实际出发，让他们的理想有实现的可能，不要忽略目前的实际与理想之间的时间差。这样一来，学生在不断的学习过程中才能更有目的性，他们也更容易理解理想与自己目前实际的关系。这也就意味着他们会成长。

成熟是一个过程，是需要学生一步一个脚印走下去的过程，而他从不成熟走向成熟，其中教师的作用是巨大的。教师要教给学生们知识，锻炼他们的能力，更重要的是培养他们的德行，不要只关注"孩子们怎么什么都不懂"，而是多关心"今天一天学习下来，他们都学到了什么"，将注意力放在自己的努力上，放在学生为了学到知识而进行的努力上。

而且，对于学生来说，他们的世界简单而单纯，这是他们的优势，我们应该保护他们的这份纯净，保护他们为了理想而奋勇直前的勇气，保护他们不为烦事所扰的简单的快乐。这些东西我们成年人已经再也找不回来了，那就帮助孩子们把这份纯真可爱保护得更好一些吧，不成熟的孩子总会长大，我们再多点耐心与爱心就好。

74. 关注到每一位学生的内心成长

教育的目的是使人成长，所以教育的范围要遍及一个孩子的方方面面，德育是贯穿其整个人生的，德育之后是知识教育，不仅是头脑中的知识要增长，知识还要转化为能力，更重要的是他的内心世界也要随着年龄的增长而有所变化。

要增长知识很容易，阅读、思考、体悟都能让知识一点一点地变成自己的宝物；要提升能力也容易，不断地锻炼，不断地与知识相结合，能力的提升就会水到渠成，对能力的运用也会驾轻就熟；德行的培养更是从小就开始了，只要从一开始便奠定正确的德行素养的基础，再加上不断地学习，不断地亲近圣贤仁者留下来的智慧，那么日后他的德行发展也会与时俱进。

但内心看不到、摸不着，而且人是善于伪装的，表面平静如水，可是内心却可能已经惊涛骇浪。事实上，我们说一个人成长了，往往指的都是他内心世界的成长。儿童阅读推广人、"亲近母语"创始人徐冬梅教师说："教育不仅作用于人的认识和思维，更要作用于人的人格和信仰，通过教育让每一个个体从自我迷失中走出来，从主体客体对立中走出来，达到'天人合一，万物一体'的境界。教育的目的是让儿童在与世界的互动中获得良好的心性，拥有生命的智慧。"可见，关注学生内心世界的成长，也是教师施教过程中一个重要的内容。

但是，很多教师对学生的心灵关怀却是缺失的，也许不是对每一位学生，但却一定会有一部分学生感受不到教师发自内心的关怀。严厉的责骂、训斥，各种形式的体罚，都会给学生的内心蒙上阴影。

还有的教师对成绩不好的学生也会有轻视的心理，很多可能会带给学生信心的机会都被教师浪费掉了。比如，有的教师对于那些在自己授课科目上成绩比较差的学生会很不待见，不会叫他们回答问题，也不愿意辅导他们学习，这无疑就会给这些学生带来羞辱感，尤其是在讲公开课、示范课的时候，这类学生被忽视的情况会更明显，这种羞辱感可能会影响学生一生。不要觉得这是学生敏感，我们对学生的心灵关注不够，太过随心所欲，这其实才是问题所在。

所以，教师要了解学生的心灵世界，教育是以人为本的，而以人为本也就是要以人的整体身心素质为根本，不忽视任何一个学生的身心教育，如此才有可能带来好的教育效果。

要教育学生的内心，就要了解他们的内心，教师应该多与学生谈心，控制好自己的情绪，利用好自己的耐心和爱心，尊重和理解他们的内心世界，多尝试换位思考，这样才能更贴近学生的内心，而好的内心教育，就是走进学生的内心，我们要学会温和地表达，要细心观察学生的细微变化，并由此来判断他们的想法，再针对他们真正的想法来对症下药。尤其是从我们口中说出来的话语，要公平公正，可以有正向情感的语言，要斟酌以保证尽量不出现侮辱性的负面语言。要注意到学生的自尊心、承受能力，根据不同学生的不同特点来调整自己的表现。另外，也要避免无心之失，不要因为自己的无心之言或者无心行动，让学生的心灵备受煎熬。

总之，教师要为学生建立一个健康且快乐的心理成长环境，适当地多看一些心理书，懂一点心理学，多注意学生的内心世界，不要让任何一位学生的内心成长被忽略。

75. 学会对学生施以真实的教育

教育原本是一件很纯粹的事情，传播知识，教授能力，培养德行，赋予智慧。如果学生真正接受的是这样的教育，相信每位学生应该都会取得不同程度的成就。可是，很多教师的教育工作却离这些真实的教育很遥远，这些教师关心的是什么？他们关心的是升学率，关心学生们是不是乖巧听话，关心有没有学生违背了他们的意愿。除此之外，他们还关心名誉、利益，关心自己与上级领导之间的关系。这样的教师又怎么可能会对学生施以真实的教育？

学生们在这样非真正教育的教育之下，也只会变得越来越麻木，变得只会追求分数与自身利益，而真正有内涵的东西却一样没学到。没有学会做人，没有学会处世，那点死知识只能用来应付考试，学生花费大力气学来的只是一堆没用的文字，一旦这些文字被放在考卷上，也就是被使用过了，它们的意义也就随之消失了，而出了校门，他们就真的是一事无成了，既无法养活自己，也无法适应社会。这样的教育是悲哀的。

前面提到，每位教师都应该成为明师。教师自己首先要真明白，具有真智慧，对学生施以真实的教育，这样既对得起学生，也对得起自己。

要对学生施以真实的教育，就知识来说，教师自己就要先把知识内容吃透，领会其中的思想内容，找到对学生真正有用的东西。在向学生传授知识的时候，要把知识的基本内容和其延伸出的思想、意义、内涵都讲给学生，引导他们利用自己的头脑去思考，鼓励他们拓展思维、展开想象，帮他们将知识揉碎，变成他们自己的东西。

要对学生施以真实的教育，就规矩而言，如果从一开始就没有教给他们基本的规矩，那么等出问题之后再订立规矩，收效就甚微了。拿"站有站相，坐有坐相"这项规矩来说吧，如果从一开始，我们就给学生们讲过"步从容，立端正，揖深圆，拜恭敬。勿践阈，勿跛倚，勿箕踞，勿摇髀"这样的内容，那么学生们自然就会明白为人应该身姿端正，后续我们自然也就不用反复强调"站好了，坐好了，不能歪歪斜斜"了。归根结底，我们还是要用真实的教育来帮助学生建立正确的学习态度，建立理智的人生观、价值观，教给学生真正需要的东西，如此，他自己就会在内心建立起正确而又强大的规矩、规则意识，他才能抵制各种诱惑，走对人生的每一步。

要对学生施以真实的教育，就一定要教给学生最有用的东西，不只是可以帮助他应付考试，更要引导他从思想上成长。关于德行的教育是一定不能错过的，而且越早越好。特级教师李烈曾说："孩子的发展切不可只关注认知……'什么习惯、礼貌，什么爱心、孝心，什么合作、交往，长大了他自然就会了'，这是一种可怕的偏激认识。"的确如此，小树不培养、不修剪，当然不会"树大自直"。所以，如果让这些能让人一生受益的德行尽早在学生内心生根发芽，就会保证他首先是一个好人，有智慧的好人，而这样的人自然也就会对提升自我有追求，而且是自动自发的追求，之后再开展知识能力的教育也就相对要容易许多。

同时，教师要注意到学生成长的规律和每个学生的特点，根据这些规律再结合不同学生各自的特点，才能有的放矢地开展正确的教育。如前所述，孩子都是从不成熟向成熟慢慢过渡的，所以教育一定不能着急，不管是反应多么敏捷的孩子，都要按照他自身的成长规律去培养发展。不要过早地剥夺孩子玩耍、快乐的权利，学生接受教育的过程应该是充满智慧与快乐的。当然，适当的苦也是有必要的。毕竟，学海无涯，如果不能"乐作舟"，那就"苦作舟"，因为自古读书人便是如此，这也是一种求学的精神动力。苦，是暂时的；乐，是长久的。

另外，对学生施以真实教育的教师不会排斥学生的错误与问题，相反地，会更乐于见到这些错误与问题。因为这会帮助教师更好地把握学生的成长情况，纠正错误、解决问题，如此不仅学生能成长，教师也会从中收获更多教育的经验。

当然，真实的教育一定会是很辛苦的，从以上提到的这些教育内容来看，教师要付出的不仅是时间，更多的是心力，教师的思想要时常保持活跃，不仅要跟得上形势，也要跟得上学生成长的变化。而且，这样的教育对教师来说，在物质上可能是清贫的，因为全部精力都被放在了真实的教育上，其他的追名逐利的事，不是顾不上了，而是从内心深处就不想做了，而这，也恰恰是真实教育的伟大之处，它首先让教师更明白，更有智慧，更心安；也让学生更明白，更有智慧，更心安。

第七章

课堂教学——教师要掌握的一门艺术

　　课堂是教师的主要阵地，教学是教师工作的主要职责。在课堂上表现得妙语连珠，能调动起学生的兴趣与听课欲望，并且对各种问题都能处理得游刃有余，这应该是每位教师的追求。对教师而言，有效的课堂教学是一门艺术，高超的教学技能也是必备的基本功。

76. 努力让自己的教学充满魔力

　　课堂是教师传授知识、思想的主要"战场"，可以说绝大部分的知识、思想内容都是在课堂上教授给学生的。但是，教师可以保证在一堂课的时间里讲授完自己这堂课要讲的知识，却并不能保证学生会将这些知识都吸收进来。如果课程教学枯燥无味，对学生不具有吸引力，学生还被要求一定要听讲，那么听课的质量就会大打折扣。教师浪费了时间与精力，却并不能换回学生对知识的完全理解，这样的教学就是失败的。

　　2010 年 4 月 29 日，美国爱荷华州的高中英语教师萨拉·布朗·韦斯林从总统奥巴马手中接过水晶苹果奖杯，成为受人瞩目的"2010 年美国年度教师"。颁奖仪式上，奥巴马称赞韦斯林是一位充满激情且有创造力的教师。对于她具有创造性的教学方式，奥巴马说："她的学生不只学习如何写五段作文，还学习唱歌、写公告、制作故事画板等，甚至为自设的非营利组织写赠款建议。她的一个学生说，在她的课堂上课，没有无益的讨论，没有无意义的作业，没有一天是无聊的。"

捷克教育家夸美纽斯曾经说："教学是把一切事物教给一切人类的全部艺术。"教学不仅是一门科学，更是一门艺术。让课堂变得不无聊，让教学充满魔力，这是每位教师的追求。我们的课堂也应该充满更多有意义的内容，当课堂能让学生乐在其中，他们自然会更愿意投入更多的精力去学习。

赋予教学以魔力，首先要让课程内容从平淡变得生动起来。课程原本的内容都是书本上的文字，有些文字还是干巴巴的，即便是语文教学，也会出现并不那么吸引学生的内容。教师就要改变这种平淡的语言形式，不只是将书本上的文字告诉给学生们，不只是解释清楚这些文字到底是什么意思，也要加入一些更有意思的元素，比如创设与课程内容有关的各种情境，可以给学生讲讲与课程内容有关的小故事，也可以鼓励学生去收集此类的内容，或者将课程内容编排成小舞台剧等。无论是语文还是其他课程，都可以将头脑风暴法运用到教学之中，也可以借助现代先进的教学技术，如微课、翻转课堂等。关于这方面的技术，平时可以多关注一下，并适度运用。不管用什么办法，都要将课程变得更能吸引学生们的注意力，尤其是对年龄小一些的学生，课程是否有趣好玩，将直接决定他们的听课质量。

让教学充满魔力，也在于教师将课程内容从深奥变为浅显易懂。随着年龄的增长，学生们学到的课程越来越多，内容也越来越深。有些教师总是反复强调某些内容重要，却只会让学生死记硬背。要知道如果学生并不理解这个内容，他们记住的便只不过是这些文字的组合方式；但如果他们能理解，这些深奥的内容哪怕是长篇大论，也能保证学生不仅自如地应对考试，还能在未来生活和工作中用到它。这考验的就是教师的分析理解和讲解能力了，我们需要对深奥的内容有更为透彻的理解，并将其转化为学生们可以接受的内容。在讲解过程中，既要能让学生们有兴趣听、能听懂，还要不破坏原本深奥内容的深刻含义。要做到这一点，需要我们丰富自己的知识，充实自己的教学语言，也要巧妙地运用一些情景或小活动以帮助学生理解。当然，对于年龄小的学生，比如幼儿园和小学阶段的学生，大量诵读（或者说背诵）还是非常有好处的，因为他们的记忆力极强，就是要大量吸收，所以要给他们提供好的记忆素材，最好是引导他们从小诵读各种经典（教师带头，以身示范，利人利己）。圣贤人所留下来的一些经典是经久不衰的人生智慧，充满了无穷的力量，可以作为学生一生的座右铭，成为他们人生奋斗的不竭动力，也会指导他们走好自己的人生路。

让教学充满魔力，还在于我们是不是能调动起学生全部的感官与注意力。看电影的时候，普通的 2D 电影，我们只能看到画面听到声音，而 3D 电影会让我们犹如身临其境，4D、5D 电影的出现，就更让我们好像真的经历了电影中的一切。也就是说，我们如果能调动起学生的各种感官，将课程内容以不同的形式呈现出来，这样全方位、多角度的教学自然会牢牢抓住学生们的注意力，让他们也能学得痛快。比如，播放音乐、看一段影片、一起做一做动作、闭着眼睛触摸、传着闻一闻，让学生们的所有感官都为课堂学习而服务，这不仅会加深学生们对课程内容的理解和记忆，也会让他们对这样的学习兴趣大增。

要怎样给自己的教学赋予魔力？每位教师都应该结合自己的特点来努力思考。以上提到的内容只不过是个参考，真的想要获得魔力，就需要我们将全身心都投入到教学之中，并从学生的角度去考虑，以"教会学生"为宗旨，而不是以"讲完课程"为目标，还要经过不断的尝试与磨炼，来为自己的课程增加魔力。

77. 让每个学生都能抬起头来走路

老子说："知人者智，自知者明，胜人者有力，自胜者强。"意思就是，可以了解他人的人是有智慧的，能了解自己的人是明智的，可以战胜他人的人是有力量的，能够战胜自己（弱点）的人是强大的。作为教师，我们应该首先做到智、明、有力和强，并以此来培养学生。学生智了、明了、有力了、强了，自然就都能抬起头来走路了。

这是在理论层面来说的，而具体到课堂教学中，我们应该怎么做呢？

在一个班级中，我们应该很容易发现学生们之间存在很明显的"等级分化"，几乎每个班级都会分成好学生、一般学生、"问题"学生三个等级。好学生总是能抬头挺胸，由内而外带着一种可以把任何事情都做好的自信感；一般学生占大多数，他们的自信时有时无，有时候遇到自己能做好的事情，他们会自信满满，不过很多时候，他们也会因为做不到、做不好而有逃避的心理；"问题"学生则整体会显得比较颓废，他们多半都会躲着教师，除了玩的时候比较开心，其他时候都会尽量让自己不被他人注意到。其实导致这种情况的原因之一，就是教师对待不同学生的不同态度。喜欢好学生，平淡地对待一般的学生，漠视"问题"学生，这样的差别待遇自然也就会导致学生们之间存在"自胜"差异了。不能"自胜"的学生，自然也不能"知人"，不能"自知"，更不能"胜人"，这是一脉相通的。

在课堂上，面对好好听讲的好学生，教师自然是喜欢的，对他们也就笑容多一些；对于时而认真时而走神的一般学生，教师也多半会理解他们一时走神的情况；而对于那些从头睡到尾，或者一直在扰乱课堂秩序的"问题"学生，教师对他们的态度也就更差一些了。

其实这种情况也是我们自己造成的，如果我们能将课堂知识讲解得让所有学生都感兴趣，如果我们的讲课内容抓得住学生们的注意力，那么他们自然也就主动好好听课了。当我们自己无法调动起所有学生的听课兴趣时，又怎么能怪罪学生不好好听讲，并由此对他们有差别待遇呢？教师教学的目的，理应是让所有学生都学会知识，让他们能自信地挺起胸膛，不管是考试还是日后的生活，都可以将这些知识运用自如。

所以当一个班级里总有学生对教师躲躲闪闪，不管是回答问题还是考试都表现得不尽如人意时，教师就应该从自身的教学方式中寻找问题了。

要看看自己是不是对某些学生有了"另类关注"，对好学生称赞有加，甚至在好学生与"问题"学生之间进行比较，导致"问题"学生的自卑；对"问题"学生训斥不断，总是揪着他们的错误不放，反倒对好学生的某些错误睁一只眼闭一只眼；对一般学生的关注度很一般，只期待他们不出大错，却并不在意挖掘他们的潜能。这些另类关注才是导致学生们表现不自信的主要原因，他们发现教师对他们的表现不抱希望，这当然会打击他们的自信心。教师要调整自己对待学生的态度，对学生尽量做到一视同仁，并且多注意看到他们好的表现，对待不好的表现也要更有智慧地去处理。

在教学过程中，教师也要注意调动所有学生的积极性，尤其是平时没什么表现机会的学生，对他们好的表现要有一种肯定的态度。尤其是不要当众指责，多一些当众赞赏，会让那些平时不受关注的学生恢复自信心。有的学生可能会因不好意思而行动迟缓，这时一定不能催，可以鼓励大家都动起来，要顾及学生的尊严，也要照顾到其他学生的情绪。

而最好的让学生"胜人"和"自胜"起来的方法，就是让他们体验到成功，教师要在教学过程中创设不同程度的成功体验给不同的学生，也要针对他们的性格特点来选择合适的展现方式。教师应该对所有学生都多一些鼓励，对每一位学生的成功，都要带动全班学生予以祝贺，就算没有成功，也要肯定他们愿意努力的态度。教师应该多一些正向积极的眼光，越是看到好的方面，也就越能激发学生展现更多好的方面。如此，学生们自然就可以慢慢抬起头来走路了，路也会越走越顺畅，步履也会越来越轻盈。

78. 带着激情去授课，让课堂气氛活跃起来

做任何事都是需要有激情的，因为有激情，内心就会产生动力，就会更愿意去为自己所做的事情而努力，而激情实际上是会传染的，一个人的激情，会带给周围更多的人以激情。教师也同样需要有激情，若是能带着激情去授课，调动所有学生的热情，整个课堂气氛自然也会活跃起来，学生们如果能尽情享受这种气氛，那么他们的所有注意力也会回归到课堂上来，一些需要记住、学会、理解的知识内容，

也会在不知不觉中令他们记忆深刻。

苏霍姆林斯基希望，"让我们的学生每一节课都享受到热烈沸腾的多姿多彩的精神生活"，这应该也是我们所有教师的目标。教学课堂并不是沉闷的地方，这里不仅是教师单纯传授知识的场所，也应该是师生交流、学生交流的场所，更应该是彼此思想传递、碰撞的场所。教师不能把课堂变成自己的一言堂，若是无法用自己的激情调动整个课堂的热情，学生一定会不买账，他们就会睡觉、聊天，甚至扰乱课堂秩序。事实上，没有学生会故意捣乱，只是因为他们接收不到令自己感兴趣的内容，接收不到教师的激情，他们觉得听课是无聊的事情，所以要么死气沉沉，要么就寻找新的更有趣的内容。教师应该与那些可以吸引学生的课外之物竞争，争取用自己的激情与魅力把学生拽回到课堂上来。

教师的激情从哪来？首先来自教师对教学工作的热爱。想想看，把自己所理解的内容教给学生，看到他们能理解并自如地运用那些知识，这是一件非常有成就感的事情，这难道不足以引发我们对工作的热爱吗？选择了教师这个职业，就意味着要奉献，要充分运用自己的智慧，而且要充满敬畏心，任何想要得过且过、蒙混过关的想法，不仅是对教师职业的亵渎，也是对学生的不负责任。

要有激情，教师还要对教学内容掌握得深入透彻，只有我们自己先发现这些知识的趣味性所在，才可能将其展现给学生们，也才可能寻找更多、更有趣的方式来让学生们去理解。否则，如果我们自己都只顾着埋头死记，那也只不过是把课本上的内容照搬给学生听罢了。教师一定要对自己的学科有更深入的研究与了解，要能保证灵活自如地调取与运用，这能保证我们在运用一些调动课堂气氛的手段时，不会出现只顾着调动气氛而忽略了知识教学的尴尬情况。

教师还应该注意一点，那就是我们想要调动激情，全是为了让学生能更好地听课、更好地吸收知识，所以这个激情的出发点一定是要为了学生，而不能只是为了让我们自己享受讲课的过程。因为我们的享受很可能并不受学生欢迎，换句话说，我们喜欢的学生不一定喜欢。一定要从学生的角度出发，了解他们喜欢的东西，关注他们愿意接受的内容，将他们喜欢的东西加入讲课的内容之中，用他们愿意接受的方式来教授我们想要让他们学会的知识点，并引导他们用自己的方式去学习、记忆，这样的激情调动才更容易让学生接受。

另外，调动课堂激情是为了让学生们爱上学习和知识，所以我们也要注意把握重点，以免学生们"玩疯了"，反倒忽略了自己应该学到的知识内容。同时，我们也要跟随知识内容的变化来变换调动激情的方式，丰富多彩的讲课形式和充满乐趣的讲课内容，才是让学生们一直关注课堂的重要保证。

79. 把学生放在课堂主人的位置

教学是一个互动的过程，教师负责传授、讲解知识，学生则要接收、理解直到最终会运用知识。从这样一个互动关系来看，很多教师会将自己当成课堂的主人，认为是自己讲课这样一个动作，才带动起学生听讲、学习的行为，认为也是自己调动课堂气氛，才能让学生们活跃起来。所以，很多教师自己把控着课堂，说什么话、做什么事全都由自己决定，学生只能被动接受。

而事实上，学生才是课堂教学的主体，"中国智力素质培养法之父""神奇教师"孙维刚教师说："学生是课堂教学的主体，学习主要是学生自己的事情，教师只能是一个引导者和促进者。"教师应该将课堂还给学生，让学生在积极主动中学会学习。

之所以要这样说，是因为尽管教师的能量很强大，但是学习的主体终归还是学生自己，只有学生自己有想要融入课堂的意愿，有想要接纳知识的渴求，教师的能力发挥才有作用，教师的影响才会有效果。所以教师在教学过程中要摆好自己的位置，不要强行要求学生学习，更不要人为地为他们画好框框，而是要将选择权、发展权还给学生，让他们可以实现积极主动的自主发展。

随着时代的发展，新时期的学生们会具有更多的自主性，他们会更要求自我，所以简单的、以教师为主的灌输填鸭式教学明显与现在学生的需求是不相符的，教师的一言堂也很容易就会让学生神游天外。也只有让学生自主学习，让学生把握课堂的节奏，让他们主宰课堂，甚至像山东杜郎口中学那样把课堂的时间、空间还给学生，才更能引发他们学习的热情。

所以，教师首先就要改变这种以自己讲解为主的教学模式，将提出问题、分析问题的权利交给学生。教师要起到引导的作用，引导学生对即将要学习的课程有质疑，引导他们发问，鼓励他们说出自己对问题的理解，说出自己对课程的一些想法，教师只要在适当的时候注意点拨一下，防止学生们的思想偏离基本道德原则和课程设置需求就好。如此一来，课堂就由教师的主动教学变成了学生的主动求学和自主学习。

若想要实现这一点，教师在课堂上就要有耐心，要给学生足够的时间和机会，尽量不要过早地表达自己的想法，而是给学生自由想象与发挥的空间，允许他们发表自己的见解，并在对话、沟通、互动的过程中，将要教授给学生的内容一点点展露出来。如果是学生自己意识到或者总结出来的，那效果就更好了。教师要鼓励所有学生都发表自己的看法，哪怕只有一两句话，也要鼓励学生说出来，并对他们正确的想法予以肯定。也可以鼓励他们采取小组讨论的方式，以一个小组为单位，得出课程内容中的要点，这能间接培养他们的团队合作与沟通能力。要通过这样一种以学生为主体的学习方式，来改变固有的教师授课的死板模式。

以前课堂上可能有更多的例题讲解、实验示范等以教师为主体的授课方式，那么既然想要以学生为课堂主体，就要启发学生自己去思考，引导他们用以前学过的知识来分析新知识，引导他们用情景体验等方式来自己体会实践。也就是说，在课堂上教师要注重学生的好奇心与求参与的心理，允许他们探索，改变他们跟在教师后面去捡拾果实的习惯，鼓励他们自己去爬树摘取果实。

学生需要掌握更多的知识，但更重要的是要掌握获取知识的能力，培养自己自动自发学习的习惯，当学生成为课堂主人之后，他的主动性就会被调动起来，而对于教师来说，作用应该更大了，因为教师只有成为一个好的引导者和辅助者，才能保证课程内容的完美完成，也才能更好地为学生服务。

80. 善于进行课堂提问

教师在讲课的过程中进行课堂提问，这是最简单、最直接地检验学生对所学知识领悟程度的方法了，如果学生能很好地回答出教师的问题，或者能顺着教师的思路说出课堂教学所需要的内容，这意味着学生已经掌握了所学知识，而学生能否回答上来，也与教师提问的内容有关，若是教师的提问笼统、抽象且过于深奥，学生自然回答不上来；可如果问题太过浅显简单，学生只要回答是非对错即可，那这样的问题也显得太没有水平。

能不能问出合理且恰到好处的问题，也考验着教师的教学能力。《学记》中说："善问者，如攻坚木，先其易者，后其节目，及其久也，相说以解。"意思就是，善于探讨研究问题的人，就好像劈柴一样，从容易解决的地方入手，然后再慢慢地解决那些枝丫关节，最终自然就能解开问题。其实教师的提问也应该如此，好的课堂提问，也应该是具有引导性的，不会让学生觉得无处下手，也不会让他们觉得太过简单，而是能顺应他们对问题的解答顺序与程度，引导他们一点点地抽丝剥茧，逐渐接近问题的中心。

提问要做到"投石问路"，而不是直接打开宝库的大门。要让学生按照提示自己去找到路，自己去打开门，这才能让学生们印象深刻。

首先，教师的提问设置要有目的性，且难度要呈递增趋势。课堂上的提问要与课程内容紧密关联，且具有一定的发散性。这是因为随着学习，学生会从一无所知到一知半解然后才到融会贯通，所以随着他知道的知识多少来递增问题的难度，会促使他将已经学过的知识再回忆起来，尤其是刚学过的知识，通过这样的结合来促进下一步的思考。

问题的设置最好照顾大多数学生，可以最后出几个稍微难一些的题目给那些理解能力和学习能力较强的学生，以免他们吃不饱。对于理解能力较差的学生，可以专门为他们准备几个简单的引入式题目，在简单的是非问答中引导他们尽早进入思考模式，以最终跟得上所有学生的节奏。

其次，多问选择题和分析题，少问是非题。有的教师就喜欢问"是不是""对不对"，这样的提问其实是没有任何意义的，甚至都不需要学生思考，毕竟是与课程有关的问题，再怎么问也逃不出这个内容，这无疑是剥夺了学生思考的权利，依然还是由教师做主导。所以提问的形式要多问选择题，最好是多选题，当然分析题是最好了，这会引发学生更多的思考，使他们对知识内容有更全面、细致的了解。或者，将是非题与选择题、分析题一起问出来，让学生们对前面的是非答案进行分析，这也是一个不错的促进学生思考的方式。

最后，提问要恰到好处，且不要太过频繁。提问虽然可以促进学生思考，但提太多的问题却并不一定有益，如果教师一节课不停地在问问题，学生的思维将一直处于思考问题之中，他们甚至腾不出时间来好好揣摩课程内容。所以提问一定要选择合适的时机，比如学生出现疑问时，有小总结时，课程全部讲完的大总结时，等等，都是比较合适的。不过，凡事过犹不及，不能刻意把一堂课都变成提问式教学，要有度。

81. 要让出错的学生能够体面地坐下

在有些学生的记忆里，答错教师的问题，可是一件很严重的事情。教师可能会当面嘲讽，也可能会有轻视的表情，更有的教师会借学生回答错误的机会，来惩罚学生，罚站或者别的惩罚方式也就随之而来。

其实这些都不过是教师的个人想法在作怪罢了。如果学生回答错误，有的教师认为这就是他不好好听讲的表现，是对教师不够尊重的表现，因此会很生气，可能随之而来就会是批评；有的教师则可能一直认为某个学生不好好听讲，便故意向他提问，等着他答错时，便趁机对他进行一番教育；还有的教师更偏激一些，可能之前与某个学生闹了不愉快，也借着让他回答问题的机会，明知道他回答不上来还让他答，等着他出了错，便嘲讽他或者用别的方式处罚他。

如此一来，出错的学生也就成了众人"瞩目"的焦点，有些脸皮薄的学生往往都会承受不住这样的注视，他会因此而更讨厌上课被提问，也更讨厌向他提问的教师。

如果教师对待出了错的学生毫不留情，指责对方没有听懂题目或者没有好好听讲，训斥他思考不认真，嘲讽他只想出风头等，就会让学生伤心。

只有学生感觉到自己受到了尊重，他们才更愿意主动去学习，否则他们会用不学习来抵触。当教师损害学生尊严时，学生也会有自己的反击措施，不写作业、不再听教师的话。教师如果和学生的关系闹得水火不容，这是教师的失职，如果只因为回答问题出了错，便对学生随意训斥和嘲讽，这也说明教师的素质水准还有待提升。尤其是在课堂上，在众多学生都在场的情况下，教师更应该维护每一位学生的尊严，哪怕他回答错误，哪怕他一直都问题不断，在大庭广众之下，教师也要尊重学生。

所以，进入课堂之后，教师就要把所有精力都放在这堂课上，其他事情先放在一边，尤其是不要跟某些学生算总账，否则也会让讲课的目的不够纯粹。教师要心胸宽广，用自己的真诚打动学生，和学生顶嘴是没有什么好处的。

在课堂上，有的学生不知道问题的答案，或者是想错了，那也没关系，教师完全可以说"看来，教师的提示还不够，来，坐下，我们一起想一想"，这样的一句话可以化解学生的尴尬，而且教师更多地说到了自己的问题，这就使得学生为了回应教师的尊重而更为认真地思考。

还要注意的是，学生可能故意答错，教师也要了解清楚他答错的原因，是想要吸引教师的注意力，还是想要博取关注，又或者是故意和教师对着干。面对这样的情况，在课堂上教师不要当堂驳了学生的面子，可以先肯定他的积极性，然后再巧妙地叫其他学生来给出正确的答案。自始至终都不要和这样的学生起冲突。

而对待出了错的学生，也不要一次出错就将他们打入"冷宫"，还是要给他们机会，让他们能答对一次，答对获得的肯定是可以抵消答错带来的懊恼的。而且，看到教师在自己答错后还能给自己机会，学生也会因此而感受到教师对自己的信任，促使他更愿意参与课堂活动和思考中去。

当然了，如果真的是学生有问题，我们完全可以留在课下去处理，与学生真诚地谈一谈，提醒他故意答错问题对他自己并没有好处，对教师也没有什么影响，理智地解决才是正确的。

82. 学生的不当行为要在私下处理

俗话说，"当着矮人不说短话"，几乎所有的人都很介意他人当面的指责，如果是在大庭广众之下，就会有一种被羞辱感，而孩子在这方面的反应会更为强烈一些，如果教师在公开场合训斥学生，哪怕是苦口婆心的教育，也会让学生觉得自己"丢了面子"，他多半不会接受训斥，反而会对教师怀恨在心。就算有学生勉强能接受这样的教育，他也还是会觉得内心受到了伤害，在日后他就会尽量躲着这个教师，而且为人也会变得不再自信。

学生都还是孩子，他们的内心敏感、脆弱。一个好的教师不应只是教授知识，也应对学生有最起码的尊重。所以，在遇到学生的不当行为时，我们最好选择在私下去处理。

第一，不在课堂上处理各种突发事件。因为此时学生们都聚集在一起，同一个班级，彼此相熟，如果在这样的场合下训斥学生，会让学生更难以忍受。他将会为了维护自己的尊严和在其他同学心目中的地位而"战斗"，所以如果教师不注意这一点，可是会与学生迅速结下仇怨的。

任何一个突发事件考验的都是教师的临场反应能力，事件发生后不要先想着震慑学生,而是要想办法维护自己原有的课程。可以转移话题,可以将事件融进教学过程中,也可以轻描淡写地一带而过,就算有处理也要简洁快速,不求追根究底,而是先让课堂平静下来。等到课程结束之后,再把事件相关的学生带到一边去处理。

第二,不要在教师中间传播学生的不当行为。有些教师的私下处理虽然没有当着学生的面,但却会在教师中间去公开讨论,整个办公室或者整个年级的教师很快就都知道了某个学生的某些不好的事。这其实是对学生更大的伤害,教师对学生的印象会随着我们无意的讨论而变得糟糕起来。也许我们是好心,想要征求大家的意见,但也要想到一旦这件事被学生知道了,他将如何面对所有的教师呢?

处理学生的问题,是教师应尽的责任,也应该是教师必须具备的能力。如果的确需要他人帮助,也不要指名道姓,最好不要让更多的教师知道。

第三,不公开指责学生,还包括不当着家长面训斥学生。有的教师喜欢在学生家长面前告状,将学生的过错一条条列出来,学生不仅在教师面前没面子,在家长面前也颜面尽失。如果是开明的家长,知道回家后再处理;若是暴躁的家长,当下就会对学生进行更为严厉的训斥。那么,教师在学生心中就成了最为恶劣的"告密者",这样的教育一定会适得其反。

所以,教师要减少叫学生家长当面对峙的情况发生,要提升自己解决问题的能力,即便有问题也要和家长详细分析,要中正地表达,不能只提缺点。

有的教师一直有这样一种认知,认为在公众场合下的教育,会给学生带来更为深刻的印象,应该能让他更"长记性"。但是我们不要忽略了一个人自尊心的强大能量,被伤害了自尊,即便是孩子也能变得疯狂。所以,每位教师一定要善于自制,尤其是学生调皮的行为或者触及到教学利益的事情,我们要学会忍耐,不能轻易就被一点小事左右了情绪,大度冷静才应该是教师的风范。

当和学生面对面时,教师应该用简洁且柔和的语言讲清楚问题的前因后果,指出他的问题所在,肯定学生的善良本性,尊重他的自我想法,鼓励他改正,为他加油,告诉他教师是他坚强的后盾。相信每一位学生在自尊得到维护的前提下,都会虚心接受教师的意见,也会越变越好。

83.惩罚学生要适当，对事不对人

学生犯错不可避免，有时候为了能让他记住教训，教师会给予一些相应的惩罚。但是有些教师却总是走入一个误区，那就是把问题与人混在一起。本来是因为一件事在惩罚学生，随着事态的发展，到了最后却已经与最初学生所犯的错误毫无关联了，而是直接转变成对学生的人身攻击。也就是说，原本引发教师起了惩罚之意的那件事已经不重要了，重要的是这个学生在教师的眼中已经是"罪大恶极"了，这非常不利于问题的解决。尤其是有些教师会将对学生的惩罚升级，训斥已经不够了，甚至更严重的体罚也会让学生对教师心生恐惧与恨意。

事实上，学生犯错之后的心理变化也是有一个过程的，他犯了错，如果是故意而为之，那他就是在等着教师发火，这也许不过是他吸引教师注意的一种方式，如果教师真的如他所愿发了火，那他正"乐得"有机会可以和教师继续对着干；如果是不小心而为之，那么教师没完没了的训斥会导致他恼羞成怒，这无疑也就更加剧了他态度的恶劣程度。如果教师不了解学生的心理发展，只顾着表达自己的愤怒、发泄自己的怒火，那么最终的惩罚一定会变味。如前所述，这既无益于问题的解决，也不利于教师教学素养的提升。

再加上现在有些教师的惩罚的确是让学生吃不消，甚至涉嫌人身伤害与犯罪，而有的学生自尊心过强，一次惩罚之后便不再愿意上学甚至轻生，这都是在给我们敲响警钟，教师对学生的惩罚，一定要合情合理，一定要适度，而且最关键的是要对事不对人，不要因为学生的一次犯错，因为我们的一次惩罚，便断送了学生和我们自己的前途。

就如明代思想家王阳明所说："若先暴白其过恶，痛毁极诋，使无所容，彼将发其愧耻愤恨之心，虽欲降以相从，而势有所不能，是激之而使为恶矣。"如果教师对学生的过失极力地毁谤斥责，让他无地自容，就会激发他的羞耻与怨恨之心，就算他想要勉强自己来听从，他内心的情感也让他无法接受，这等于是在推动学生去做坏事。所以，王阳明建议我们，"须忠告而善道之，悉其忠爱，致其婉曲，使彼闻之而可从，绎之而可改，有所感而无所怒，及为善耳"。也就是要尽心劝告、耐心开导，表现出自己真诚爱护的心意，用委婉的态度来让学生接受，要让他自己悟出道理并改正，对教师有感激而没有恼怒才行。

当学生出了问题，教师最应该关心的是问题出现的前因后果，关心这个学生为什么会出这样的问题，最好单独和学生谈一谈，也就是如前面所提到的，要私下里解决这件事，而教师的注意力也要放在这件事上，不要指责学生的错误。

举一个简单的例子。比如有位学生本来成绩很好，但最近却明显下降，教师如果用"你是觉得自己成绩好就了不起了吗？如果你再踏实一点，哪里还会有这么丢人的表现？你不仅拉低了班级成绩，也给全班人丢脸"这样的话来训斥学生，其中满是讥讽与责备，学生可不会买账，如果再用"去教室外面站一会儿来冷静一下"之类的惩罚，那无疑就是在对学生进行人身侮辱了。相反地，如果我们说："这成绩真让人难过，我知道你也不好受，是有什么事情影响了你的发挥吗？还是最近的学习出了问题？"这样的话将关注的重点放回到了成绩不好这件事上，一起寻找原因将会更有利于解决学生眼下的问题。如果学生真的是因为骄傲而变得浮躁了，那么教师也可以用"再把试卷做一遍"这样的更有意义的不算惩罚的"惩罚"来引起他的注意。

尤其是对待犯了大错或者已经是"惯犯"的学生，教师的头脑更是要冷静，学生尽管顽劣，但本性都不坏，不要一下子就认为学生"不可救药"，先让自己冷静，然后再给学生冷静的时间，就能保证在双方都冷静的状态下去处理问题。

由此可见，教师在培养自己的涵养方面一定要花些功夫，不能轻易就被学生的问题所扰乱情绪。尽管学生引发的难题会层出不穷，但也不要因此就觉得学生"面目可憎"，教师应放下身段，多与学生交流，就问题本身进行探讨，不进行人身攻击，不进行人格侮辱，即便是处理学生的错误也要如此，引导学生自己认识到问题所在，并鼓励他们主动去改正，这不仅体现了教师的能力，也体现了教师的责任心。

84. 教师需要怎样的权威

权威，通俗地说就是极具公众影响力的威望。教师是需要有权威的，教师权威的树立对象是学生。教师只有有权威，说出来的话才能令学生信服，传授的知识才能被学生接受，学生也才愿意主动接纳教师的教育，而能让学生自愿服从与支持教师的权威，也许是很多教师的希望，但实际上却并不一定是每位教师都能实现的。

很多教师不明白自己应该建立怎样的权威，有的教师对待学生永远严肃至极，说话也从来都是严词厉色，希望借助自己的这种表情与语言的威严，来让学生对自己心生畏惧。可结果是，学生的确是畏惧了，甚至畏惧得都不愿意与教师接近，教师与学生之间永远有一段距离，致使很多教育工作没法再细致开展。有的教师则通过讨好学生来建立所谓的权威，这类教师的心理就是："我对你们都那么好了，你们就听我的吧。"但如此一来，学生们反倒像抓住了教师的小辫子，对教师也就没了应有的尊重。也有的教师的权威会分级，对好学生就级别低一些，对成绩差、犯过错的学生就级别高一些，结果导致好学生并不那么尊重教师，而"问题"学生对教师的权威也并不在意，而且还心生怨恨。还有的教师的权威只不过是"权力与威胁"的简称罢了，借助教师可以教育学生的权力来"作威作福"，对学生根本不是在教育，而是演变成了奴役与驯化。这样的权威，有违师德，更有违做人最基本的原则。

虽然从最基本的心理来看，建立权威的确是教师的任务之一，可是如果权威建立的初衷和形式不正确，教师也只能白费力气。那么教师应该建立怎样的权威呢？

首先，教师应该正己身，这是建立正确权威最基本，也是最重要的一点。教师应该是一个有道德、有原则的人，是一个孝顺、讲诚信、有爱心、有责任心的人，对于错误不姑息，对于问题不逃避，而且有不放弃的决心，有坚持学习的好习惯。当教师一身正气，有良好的自我表现，学生们自然会以一种尊敬的态度来看待教师，看到教师在各方面的表现都令人敬佩，他们也会自然而然地产生自我约束与自我进步的心理。所以，要建立教师的权威，不能先想着要让学生信服，而是要先看看自己是不是有足够让学生信服的条件。先低头看自己，再抬头看学生。

其次，教师一定要意识到权威是用来教育学生的，而不是威慑、恐吓甚至惩罚学生的。教师为什么要有权威？因为缺乏经验的学生需要有正确的教导，他们身上的问题需要教师来帮忙指正。也就是说，权威会让教师所说的话更有力量，也会让教师的行为表现更具有表率作用。权威不等于赋予了教师可以为所欲为的权力，拥有权威的教师理应有一种责任感，也应该感受到压在肩上的那沉甸甸的分量。教师要有敬畏心，要带着敬畏心去看待自己的权威，要真心实意地想要为学生做些事情，要发自内心地想要将学生教育成才，这样教师的权威才算是发挥了正确的作用。

最后，教师的权威并不是强求得来的，如果总抱着"我是权威"的思想，便对学生颐指气使，不听从他们的心声，这权威很快就会变成空壳子，所以教师不要太拿权威当回事，如前所述要自然而然地体现出权威来。教师应该将更多的心思放在完善自我和用心教学之上，不要刻意去表现权威，放下身段不意味着没权威，教师要用一颗清静无为的心去感染学生。

85. 提前进教室，养成不"拖堂"的习惯

上课铃响，教师才走进教室开始讲课，如果一节课45分钟讲不完，那就拖堂。这种情况在很多教师身上很常见，"踩着铃进教室，下课铃响了也不在意"已经成了一种讲课习惯。

但是对于学生来说，他们又是什么感觉呢？教师踩着上课铃才进教室，学生就会踩着上课铃才停下课间休息时的一切活动，但是活动是停下了，"余韵"却犹存，他们会回味，或者趁着教师不注意继续活动。所以，凡是踩着上课铃才进教室的教

师，开始上课后的前几分钟里，总会有相当一部分学生的注意力还没有完全集中，而等他们好不容易开始集中注意力听课了，课程却可能已经讲过去不少了。

另外，有时候教师讲课需要用到各种教具或者多媒体，如果课前没有准备好，那么折腾这些东西又要耗费时间，这也无疑是给拖堂留下了可能，而学生对教师一开始先折腾东西不讲课其实是乐见的，因为他们课间休息的"余韵"还没过去。一旦有学生在此时继续嬉闹起来，那教室纪律也会令教师头疼。

至于说拖堂，这恐怕是所有学生都痛恨的一种行为了，哪怕那门课再引人入胜，下课铃响起的时候，学生也是无比希望教师立刻说"下课"的。不要指望拖延的这点时间讲出来的东西会被学生们记住，事实上，从下课前几分钟开始，教师讲的那些内容就已经被学生当耳旁风了，下课铃声响起之后讲的那些东西，能好好听的学生寥寥无几。偶尔拖一次堂，还能得到学生们的理解，可是如果每次都拖堂，学生们就会不满了。拖堂并不意味着教师敬业，反而体现出了教师能力的欠缺，没办法在 45 分钟内讲完应该讲的内容，这是否意味着教师的讲课能力有待提升吗？

所以，要成为让学生们喜欢的教师，不仅讲课内容要精彩，连同开始讲课前和即将下课时的细节问题，也是教师要注意的。

上课铃响之前，教师可以提前几分钟进教室，微笑着和学生们打打招呼，整理一下自己要用到的书籍、教案和教具，也可以回答学生的一些问题，或者走进学生们中间，了解他们对即将要学习的新课有什么期待，这无疑是一个与学生拉近距离的好时机。而且，教师提前走进教室，也会给还在玩闹的学生们一个信号，那就是"马上要上课了，教师也已经进了课堂，所以应该收敛一下了"。这就会促使学生们尽早结束课间活动，收收心、翻翻课本，等到上课铃响的时候，教师开始讲课了，学生的心思也就收得差不多了。另外，也要注意把握好进教室的时间，比如上课铃响提前 3 分钟就好，用不着太早，否则学生们还没从上一节课中休息过来，看到下一节课的教师已经走进教室，就会觉得很疲劳。

对于讲课内容我们要合理安排时间，不要将内容排得太满，要留出可能出现突发事件的时间。一般来说，学生的注意力在一节课的前 20 分钟里最为集中，所以要尽量将重要的内容在这段时间里讲完，留下的时间可以让学生提问、讨论、做作业。也要灵活使用各种教具，减少过多的书写时间，而在教学过程中，学生可能会犯错，也可能被其他事情打扰，教师要有灵活的应变能力和冷静的心态，除非不可抗力，否则不要被其他事情轻易扰乱，保证在一节课时间内完成所有讲课内容。

86. 切忌只讲不练与照本宣科

讲课是教师教学的主要方式，但是相对应地，却是指导学生学习效率最低的方式之一。因为讲课讲的都是理论知识，学生们只能通过文字去想象，可是他们的想象力是有限的，有些内容仅凭想象是无法"拼凑"出它的具体样子的。

就好比学习游泳，我们给学生讲了一大堆游泳的要领和注意事项，告诉他们游泳都要具备哪些知识，让他们记住动作是怎么做的，那他们就能学会游泳了吗？当然不能了！就算我们讲得再好，知识系统再全面，学生们的头脑中也无法建立起游泳的概念，更不可能只通过背诵这些内容就学会游泳。学习游泳最有效的方法是什么？当然是教师带着学生下到水里面，一招一式手把手地教，这样学生才能亲身体会到游泳的感觉，进而学会游泳。

同样的道理，学习知识是为了在生活中、工作中使用的，那些只是单纯背一背的知识点只能在学生们头脑中形成短暂印象。回忆一下，那些当年被我们背诵过用来应对考试的内容，至今为止我们还记得多少呢？生活中用不到，或者说没有经过实践，我们的大脑早就已经自动抛弃了这些东西。

而且，一味地讲课，学生的大脑就要不停地运转，要调动思维去联想，时间一长，无疑会让他们感到疲惫不堪，可又学不到什么真东西。当学生感觉听课越来越累的时候，他们的大脑就会自动选择不听，开始走神，开始做其他能令他们产生兴趣的事情。

《学记》中讲到的"记问之学，不足以为人师"，说的便是这个道理。意思就是如果只是单纯地靠记忆一些书本的知识、问题的答案、别人的观点来教学生的话，那这样的人是没有资格当教师的。因为这样的人对学问没有融会贯通，没有自己的领悟。

所以，教师的讲课切记不要只讲不练，若想要让学生融入讲解的内容之中，就要让他们亲身体验到知识的实践作用。教师也要边讲解边示范，将知识是如何运用的展示给学生看，也要给学生上手的机会。尤其是一些实验，只要有时间，就允许学生自己试一试，让他们亲自感受一下实验的过程和结果。不要只将动手的时间留给实验课，有时候刚讲的内容加上练习，会让学生们记忆更为深刻，而这个前提，需要教师对学问的掌握不仅仅是"记问之学"。

除了要将理论与实践相结合，教师还要注意不能照本宣科。虽然教材上的内容都是我们应该教给学生的，也都是正确的，可是这些内容都是死的，而学生的思维却是活的。他们对知识内容的理解能力不同，接受能力不同，有的学生发散思维很强，有的学生则能将前后很好地联系起来。不得不说，如果我们照本宣科，只是把书本上的文字搬了下来，那么学生们的学习情况一定会出现这样一种结果：有的学生听不懂，因为书本上的文字都是浓缩了的精华，直接照搬，他们无法理解；有的学生又吃不饱，正因为是浓缩的，他们领悟力强，几个字看过去就已经都会了，学起来也就没了意思；还有的学生则是半懂半不懂，有的能理解，有的完全不知所云。

由此可见，教师对课程内容的照本宣科其实就是不负责任的讲课，不要将教材当成金科玉律，它是允许我们对其进行相应的调整的。教材也是一种教学工具，也不过是一种教学资源而已，我们理应根据学生的情况来调整教材的内容，可以扩展的要扩展丰富，可以精简的也要浓缩成学生一听就能记住的内容，需要详解的就尽量把相关知识都讲出来，能一带而过的也就不要浪费时间。给学生留出提问、思考的时间来，允许他们根据自己的想法提出疑问，根据他们的需求来讲课，这样才能保证教师的讲课不会做无用功。

87. 将课堂内容与现实生活联系起来

"为什么我们一定要学这个？""为什么我们必须要知道这个？"很多学生在学习课程的过程中，都会对自己所学的内容有这样的一些疑问。可能很多教师的回答是这样的："将来考试用得上。"考试用得上的内容，对学生是有一定吸引力的，因为这涉及考分，涉及由考分高低而决定的一系列利益。

但是，学生不可能只凭借考分生活和工作，未来的时代也不再只是看几眼分数高低就能决定一个人是不是有能力。学生所学的知识应该与他的生活、工作相联系，知识学来是为了应用的，尤其是在现实生活中发挥作用，这样才能代表学生学到了真技能。

古希腊教育家亚里士多德说："所有的知识都是彼此相关的。"教师要做的，就是要帮学生找到这些知识的相关性，将课堂内容与他们的现实生活联系起来，让他们知道知识学来对他们的人生是有用的。

有些教师可能会觉得，将课堂内容与生活相联系不那么容易，很多教师也没有这样做不是一样把知识传授出去了吗？这种知识传授，只是文字的搬运，尤其是小学生，他们的记忆力是非常好的，背诵对他们来说不在话下，可知识如果只是头脑中的一堆文字，这对学生来说是可怕的，毕竟未来的生活靠着一堆文字是完全进行不下去的。所以我们就要克服这种困难，不要试图让学生们"生吞"文字，而是尝试着把生活中的内容加进去。这要求我们要丰富自己的生活经验，多将知识与自己的生活实际相联系，在讲课时要自然地将这些内容展现出来，从而抓住学生们的好奇心。

有一位历史课教师，在讲到"唐朝经济的繁荣"时，他为学生们安排了一个小活动，名为"穿越唐朝"。他让学生们扮演生活在唐朝都城长安的居民，接待外地来参观旅游的游客，让学生们根据唐朝当时的经济特点，来合理安排游客的吃、住、玩、行及购物等活动。每个小组代表一个不同的地区，然后由小组推荐一名代表发言。通过这个活动，学生们在语言组织表达、挖掘整理知识、待人接物礼节等方面都得到了锻炼，看似遥远的历史知识神奇地与他们现实的生活紧密联系在了一起。

不得不说，这位教师是有智慧的，而事实上，很多学科都能做到这一点。比如，数学课，这应该是与生活最贴近的课程，也可以不用围绕着一堆难懂的数字、定理转，而是把数学放到生活中去，测量、结账、报数、看时间、比大小……这些都是生活中常用的技能，与课程内容的联系再简单自然不过；语文课是日常交流必备的基础课程，赞美欣赏、愤怒指责、悲伤哀怨、欢喜兴奋……种种情绪都能用语言来表达，看景、做事、工作、学习，也同样离不开语言的表达，联系起来也是很容易的。其他课程，只要我们有心，就都能从生活中找到它们的影子。

将知识内容投射到生活中，提升的是学生们对知识的兴趣，尤其是那些就在他们身边的事情，会更容易吸引他们的关注，而这种联系还有一个好处，那就是会让学生在非学习时间也能不由自主地去关注知识，因为他们将会发现知识与生活联系得如此紧密。

另外，学生有时候也会将生活中遇到的问题拿来问教师，这无疑也是一个将课堂教学与生活实际相联系的机会，所以不要放弃这样的机会。让知识在联系实际中显示魅力，也是教师的重要职责。

88. 鼓励学生积极参与课堂活动

教师承担着繁重的授课任务，但却没法保证每次授课都能被学生接受。有的教师是真正把授课当成每天的任务在做的，到了时间就进教室，按照备课的内容一字不漏地讲完，不管内容多少，统统都讲给学生听，然后今天的授课任务就算完成了。等到第二天、第三天，接下来的每一天，都重复着同样的任务。

看似尽职尽责，看似没有什么差错，可如果教师每天都这样以自己为主导地讲，只让学生一动不动地坐在那里听自己讲，只是不停地提醒学生要好好听讲，还嘱咐他们一定要记住他所讲的重点内容,因为考试会考到,那学生是不是真的能听话呢？

答案自然是不一定的。在这样的授课过程中，教师完全掌控了课堂，学生除了用到耳朵，唯一能用到手的地方恐怕就是记笔记了。一堂课下来，虽然时间也安排得很紧张，但是学生的所有时间和精力都耗费在听讲与记录上，他们没有时间独立思考，更没有机会动手操作，如果有问题，教师直接就告知了答案，根本不给他们思考的机会。而且，日复一日，每天如此，学生对这样的听课自然也会逐渐厌倦。

有的教师总是抱怨学生不好好听讲，觉得学生难以管教。却可曾想过，恰恰是自己只顾着讲，而没有顾及到让学生参与到课堂活动中来，才导致学生对课堂产生了厌倦情绪呢？我们总是提醒学生要积累学习经验，可是真正的经验来源于学生自己的实践，而不是取决于教师都讲了些什么、做了些什么。所以，教师在讲课过程中，除了对课程内容的讲解，也要组织一些课堂活动，并鼓励学生积极参与到活动中来。

不管讲解什么课程，最好都设置一些可以供学生独立思考的问题。比如，如果数学课中讲到一个定理，那就鼓励学生自己思考这个定理与之前学过的内容有没有关联，引导他们逐步验证定理的内容；对于语文课上的课文内容，也可以给学生机会，让他们自己寻找与课程相关的知识点，如历史人物信息、故事发展过程等，给他们自己讨论的机会，由他们自己去揣摩课文的深刻中心思想等。

课堂活动要与课程内容完美结合，不要很突兀地提几个问题就算了，要在开展内容的过程中，趁着学生们兴趣高昂的时候，用一个小活动来调动他们的积极性。教师要在活动进行中注意指导，要适时用一个又一个问题连接起活动，并能将学生们给出的活动结论与接下来的知识内容串联起来。

事实上，这样的讲课方式对教师来说也是一个不小的挑战，因为我们没法确切知道学生那活跃的思维会产生怎样的结果，所以我们也要用灵活多变的思维去应对。当学生经过活动讨论也没有得出正确结论时教师应该怎么做？如果他们出乎意料地比我们预计的提前找到了答案又应该怎么办？这些我们都要在备课时提前考虑周到。同时，教师也要保持与学生的互动，要允许学生提问题，也要有智慧地回答问题。

有教师可能担心课堂活动会耽误讲课时间，其实这不过是把我们主动告知学生答案的过程省去了而已。虽然那样看起来我们会讲更多的内容，但以剥夺学生学习主动性为代价还是不妥当的，而这些课堂活动，会调动起学生积极参与的兴趣，也给了他们调动自己所有感官的机会，只有当学生经过自己的努力学到了知识时，他们的学习经验才会一点一点积累起来。

89. 引导学生爱上阅读，读好书

很多班级里会建立图书角，一般会由学生自己带来的书和教师推荐的书组成。然而有的班级里的图书角是一个尴尬的存在，里面的好书有很多，可翻看的人却并不一定多，有的图书角里的书都落满了灰尘。当然也不排除有被"广泛"传阅的书籍，但多半都是漫画或者小说，又或者是杂志，以及那些让人一笑置之仅可以消磨时间的书。有些班级里也会开读书会、故事会，教师可能也都强调过读书的重要性，但是真正主动去读书的学生却并不多，学生们读书的热情也并不高。

其实，这种情况的出现也是有一定原因的。现在的学生课业依然繁重，尽管学校为学生们减负，但是很多家长却并不这么想，他们依然认为只有学得多、和别人一样也参加辅导班，学生才可能有好成绩。所以，在繁重的课业压力之下，很多学生是没有时间去阅读的，而也正是因此他们才更喜欢看那种不用费脑子、让人一笑而过的漫画或者杂志，这能让他们放松精神。还有一个原因，就是学生并没有被引领进好书中去，虽然也和好书面对面，但是这些书要么很深奥，要么是没有能打动他的因素，无法吸引他的兴趣，即便书再好，学生看不进去那也是白白浪费。还有，有的教师只是向学生推荐好书，却没有引导他们读书的行为；只是提醒学生们要读书，而没有与他们一起读书的表现。这无疑也会让学生们对教师的推荐并不太在意。此外，教师主导下的读书活动，会让学生有种在上课、在完成任务的感觉，这也是他们排斥读书的原因之一。

综上所述，如果想要学生真正养成良好的阅读习惯，那么教师就应该给予学生足够的引导，并给他们推荐他们真正需要的好书。

要实现这一点，教师首先要保证能合理安排自己的教学计划。很多教师讲完课之后，一定会给学生布置非常多的作业，意在帮助他们更好地理解课程内容。但作业只有有针对性地布置才能起到辅助学习的效果，否则便是在浪费时间。当没有了作业负担时，学生才可能腾出时间去阅读。

教师的引导来自自己的阅读习惯的养成，可以时不时地在与学生交流的过程中介绍一两本自己读过的好书，如果书就在手边就可以直接推荐给学生，若是书上有自己的笔记、感想更好，这会让学生们感觉到教师对读书的热爱。如果班里有固定的读书活动，教师也要与学生一起进行分享式阅读，一起分享好书，一起分享阅读感受。在分享的过程中，教师还可以教给学生正确的阅读习惯，以及好的阅读方法，帮助他们更好地阅读。

向学生推荐的好书，不一定都是大部头的，但一定要是贴近他们当下年龄、思想、性格特点的，书的内容要积极健康，可以引发他们的思考。不是只有经典名著才能称为好书，那些符合学生身心发展规律的，对学生有积极教育意义的书都算得上是好书。所以，教师也要提升自己的选择能力，练就一双慧眼，找到真正能吸引学生的书，从而激发他们自主阅读的动力。不过要注意一点，并不是各种"推荐书目"上的书都值得看，因为如果价值观导向是错误的或者书目是胡编乱造的，对学生来说不仅是浪费金钱，更是浪费生命。所以教师要注意把关：第一，不能随便给学生推荐书目；第二，不能盲目相信市面上流行的推荐书单。凡是要推荐给学生的书，教师都应该先阅读，先了解。

除此之外，教师也可以鼓励学生们自己策划并举行读书活动，要带什么书，彼此要交换什么书全都由学生自己来决定（当然，学生的书最好请家长来把关，标准同前）。当学生们获得了读书活动的主动权之后，他们就会自己主动去接触书籍，而且彼此之间的交换也能保证大家都能看到好书。还可以鼓励学生们对书籍内容进行改写、续写，或者创作新的故事，激发他们不断阅读的热情。

90. 每一堂课都要有明确的教学目的

不管做什么事，都要有一个明确的目的，目的相当于一个标杆，会引导我们更快地把握做事的方向，并能带给我们动力来最终实现目的。教师授课也是这个道理，每一堂课都一定要有明确的教学目的，不能说把课程讲完就算完了，还要看是不是实现了教学目的，否则课程的安排就是无意义的。

很多学生放学回家后，家长都会问这样一个问题："你今天在学校学什么了？"这个问题的答案其实就是教师的教学目的。如果教师很好地安排了课程并实现了教学目的，那么学生也能明确知道自己在课堂上都学到了什么，也能意识到自己是不是学会了。否则，如果我们没有明确目的，那么学生记住的可能就是课堂上的几个明显事件，比如，抄了多少笔记，回答了多少问题，或者听教师讲了多长时间，目的不明确的课堂会让学生抓不住重点，而我们自己讲起课来也会很费劲，东一句西一句没有系统。

而且，这种目的不明确的教育，会引发学生更多不必要的疑问。比如，教师让学生读课文，有的学生不情愿，教师便严肃要求，学生疑惑地问："我们为什么这样做呢？"教师又应该怎么回答？如果有明确的教学目的，学生就能意识到读课文会是他熟悉课程的最好途径，在阅读的过程中，他就可以找到教师问题的答案。但若是没有明确的目的,学生就会认为这不过是教师在命令他们做不情愿的事情罢了。所以，就算是为了不让学生对自己做的事情产生疑问，教师也应该为每一堂课制订合理明确的教学目的。

明确的教学目的，是课堂教学的出发点，也是课堂教学的最终结果，它具有导向、激励、评价、调控等多种作用。每一堂课都应该有独属于自己的教学目的，这样才能保证教学计划的顺利完成。合理的教学目的，是要让学生在课堂之中有收获，也就是说目的安排的主体是学生，而不是教师要完成怎样的教学任务。每次上课前，教师都应该好好思考一下，自己这一堂课到底要教给学生什么，这样学生才会知道自己将要学习什么，而明白了这一点，学生的学习也就变成了有目的的学习，会更加投入与认真。

在备课时，教师就应该确定当堂课明确的教学目的，不要多，而要精，否则太多的目的可能会导致哪项任务都做不好也做不完，一堂课下来学生的收获也不大。一般来说，一堂课的目的设定应该是以知识吸收为目标，同时兼顾能力与思想态度的培养。

在正式讲课开始之前，可以先向学生展示一下这一堂课的目标，让学生做到心中有数。要注意的是，这个展示时间不能太长，三五分钟足够了，开门见山地直奔主题，让学生一下子明白就好。当然，也可以借助对前面课程的复习来引出新目标，这也能引导学生自然而然地接受即将开始的课程，并对其有所期待。最好能将一堂课明确的教学目的列在黑板醒目位置上，这样学生在听课过程中，不管什么时候看黑板，都能注意到教学的目的，这种不间断的"提醒"，也能帮助他更好地将注意力放在这个学习目的之上。

第八章

家校合作——教育需要亲师通力合作

对学生的教育不只是教师的任务，也是学生家长的责任。若想要好好教育学生，只靠学校教师单方面的努力是不够的，家庭才是每个孩子的第一课堂，也是永久的课堂。只有学校教育与家庭教育相结合，教师与家长相互配合，才能把学生培养成才。

91. 教好孩子，需要家长教师齐心协力

教育孩子是一件复杂的事，进了家门，学生就是孩子，家长作为他最亲近的人，要教导他做人，对他进行最基本的教育；而进了校门，孩子就是学生，教师要负责传授他知识，磨炼他的能力，培养他的德行。

只有家长的教育而没有教师的教育行吗？一般情况下是不行的。学生普遍都不只有一位教师，每位教师又都担负着某一门学科的教学工作，而有些知识内容也必须要专业的教师去教，否则普通的家长因为没有掌握那么全面的知识，在教育孩子学习专业知识这方面可能会力不从心。那把所有教育的任务都交给教师不就好了吗？除非是特殊条件所致，否则这也是不行的。教师虽然担负着传道授业解惑的任务，可毕竟不是孩子的亲人，很多道理孩子只有跟着家长才能了解，而家长的言传身教对孩子的影响是最深的，是其他任何人都替代不了的。

苏霍姆林斯基说："没有家庭教育的学校教育和没有学校教育的家庭教育都不可能完成培养人这样一个极其细微的任务。"对孩子的教育需要家校两方面的合作，

教师与家长共同努力。教师在学校中努力，家长在生活中努力，才能保证孩子不管是在家还是在学校都能接受良好的教育，从而成为好孩子。

从教师的角度来看，首先要做好自己分内的事情。有的教师以"教育孩子是家校两方面的事"为借口，当孩子出了问题，便将责任都推到家长身上，认为是家长没有教育好孩子，所以孩子才总是在学校闯祸。当孩子在学校时，教师要尽到监管教育的责任，不仅要传授知识，也要教给孩子做人的道理，培养他具备良好的德行。如果孩子犯了错误、出了问题，教师应该积极找原因，也要自我检查一下是不是自己的问题，并用公平合理的方式帮助孩子改正错误、解决问题。

也就是说，从教师的角度来看，教育孩子是教师的职责所在，教师的教育与家长的教育并没有非常明显的界限，一切都是为了孩子好。只要能对孩子起到教育作用，并引导他一心向善并努力求学，那教师的教育就是没有问题的。

所以在学校中，教师一定要尽职尽责，不要逃避与推卸责任，尤其是不要训斥学生说"你爸妈没教过你吗"这样的话，否则就相当于是在侮辱学生的整个家庭。教师既要有善心，也要有责任心，这样才能对孩子付出真心。

做好了自己的本职工作之后，我们才可以将孩子的具体情况反映给孩子的家长，提醒他们孩子存在什么问题，我们是怎么帮助他改正的，还需要家长帮着做些什么。同时，也要向家长了解孩子在家里是怎样的情况，这将有利于我们与家长一起针对孩子的家校表现来制定更适合他的教育方式。

教师要与家长建立良好的合作关系，不要一见面就告状，也不要只报喜不报忧，而是应该如实反映孩子的情况，好的方面要毫不吝啬地表扬，不好的方面也要根据自己的观察和理解来真实表述出来并给出自己的合理化建议。尤其是不要抱怨孩子的家长，和颜悦色、有理有据地彼此交流就好。

有些家长会比较理智，可能愿意与教师建立联系及合作关系，而有些家长可能会将所有责任都推给教师，希望教师能多多费心。这时候教师应该诚恳地将家长所起到的作用讲给他们听，让他们不要对孩子撒手不管，并表明自己会与他们合作。同样的道理，对待一些不太理智的家长，教师也要保持基本的仪态，并让家长相信自己是关心孩子的，一定不要引起争吵，要让家长知道，教师与家长的目标是一致的，都希望孩子能成才，所以双方必须合二为一成为一股力量，只有教师与家长和睦相处并通力合作，才有可能共建良好的教育。

作为教师，我们应该把孝顺父母这个最基本的做人德行教给孩子，当家长看到孩子的孝心孝行时，就会由衷地感谢孩子的教师，也自然会教他的孩子去尊敬教师。这样，教育的两个核心内容——孝亲和尊师就都有了，都做到了。这就是家长和教师齐心协力、亲师配合最好的表现，也是最恰当的举动。试想，如果学生懂得尊敬教师，教师讲的课程他会认真去听，也即"亲其师，信其道"，而不用教师千叮咛万嘱咐，学习对他来说是一件自动自发的事，成绩想不好都难。同样的道理，如果孩子对父母有一颗孝心，他就知道"亲所好，力为具"，无论是学习、生活还是为人处世，他都会努力做到最好。

另外，还有一个小妙招可以借鉴一下：几乎所有的家长都愿意看到自己的孩子在学校有良好的表现或者能获得教师的表扬，那么我们也不妨每隔一段时间就给每位学生写几句表扬鼓励的话，说一下他们这一段时间的某一个或某几个小优点，然后让学生带回家拿给家长看。这些表扬和鼓励会让家长意识到教师对他们孩子的信任、欣赏，他们会相信教师是关心他们的孩子的，这样他们也会更乐于配合教师的教育工作。

92.敢于跟家长面对面，并保持个别交流

就如同进入学校的孩子会良莠不齐一样，孩子背后的家长们也同样因为生长环境、教育水平、性格特点等而对孩子的教育有不同的看法与做法。教师与家长之间的交流，也是在考验教师的交往与沟通能力，面对不同类型的家长，教师应该保持冷静镇定，并能将自己想要表达的内容表达清楚。

但是，有的教师并不愿意直面家长，或者说不敢与家长面对面，因为他们的孩子在学校里可能表现不好，教师也不知道应该说些什么。还有的教师又生怕家长问出来的问题自己解答不了，不仅自己难堪，也会影响自己在学生与家长心中的形象。还有一个重要原因，就是很多家长并不会在意教师说了什么，他们会更多地强调自己孩子的利益，强调自己的要求，这就使得教师很多时候没法将自己想要表述的意思说清楚，也没法让家长们了解自己对学生的要求，反而还要承受家长们不明原因的指责，甚至是责骂。

作为教师，我们和孩子的家长沟通也是一门学问，更是一门艺术，教师与家长是合作关系，所以不能心存恐惧心理。若想要做到心安理得，那就还是要保证我们自己首先做好应该做的事情，也就是保证自己问心无愧，对每位学生都有所了解，这样与家长沟通时才更有针对性，就算与家长单独聊起某个学生，也不会出现无法对号入座、找不出可说的内容的情况。

与家长面对面，教师不仅要向家长介绍孩子在学校里的表现，同时还要引导家长了解教师本身对学生的要求。因为家长多半都是从孩子那里了解教师的要求的，并借由这些要求来理解教师教育的计划与思路，但是孩子出于自己的私心考虑，可能会将那些他不喜欢的、不利于他的要求略过，家长就无法知晓教师的具体要求是什么。所以，在与家长面对面时，也要将自己的一些要求如实表述出来，如果有书面的表达更好。同时，也要详细解释这些要求的原因及其目的。

除此之外，教师也要向家长询问学生在家中的情况，结合他在学校的情况，更全面地了解学生的发展。尤其是在对学生的基本判断上，一定要结合学校和家庭的情况这两方面来下结论，可以将自己的意见说给家长听，但同时也要能接受家长的解释。尤其是在单独交流的时候，这一点很重要，教师一定不要只凭借孩子在学校的表现就擅自下结论，否则也会引发家长的反感。

说到单独交流，一般是在对待个别学生的特殊问题上，教师可能会与家长进行个别交流。这种个别交流不能只是偶尔为之，因为一次交流并不能解决所有问题，学生在不断成长，经过一次交流后，家长与教师的思想也会发生变化，尤其是这样的交流多半都是因为学生出了不好解决的问题，所以教师也要负责任。对于一些特殊学生,教师要与他们的家长保持个别交流,以共同改变学生的现状,促进学生进步。

这种交流最好提前通知家长,让家长有一个思想准备,而我们也要针对要说的问题理出头绪,最好能和家长建立长期交流的关系,彼此经常交换孩子的情况,以逐渐解决孩子的问题。不过有一点要注意,不要让孩子觉得我们是在和家长串通,彼此泄露孩子的隐私,最好提前与家长商量好,尤其是对待青春期的孩子,此时的他会非常敏感,我们也要提醒家长注意给孩子最起码的尊重。

其实,与家长面对面并不是什么难事,教师也要坦然处之,尊重家长、尊重孩子,并尊重自己的职业。同时,也不要将责任转嫁给家长,中正地表达出自己合理的要求,表达对孩子与家长的希望,相信大部分家长都能理解教师的辛苦,并愿意配合我们。

93. 学着跟家长做知心朋友

教师与家长之间总有一种很微妙的关系,有的教师不愿意与家长接触,因为很多家长只从自己孩子的利益出发,要求教师给自己的孩子以特殊的照顾,又或者总是对教师提很多要求,甚至会当面指责教师,让教师下不来台。有的教师又很"黏"家长,总是想要把自己的理念告诉家长,希望家长能配合自己,但同时又会不停地对家长抱怨孩子,对家长提出很多要求,还会将一些责任也推给家长。如此一来,教师与家长之间的关系当然不会好了。所以教师与家长之间都会有一种"又爱又恨"的情结,两者关系处理不好,甚至双方谈崩,不仅会导致家校关系紧张,还可能会直接影响孩子的发展。

其实面对"复杂多变"的学生家长,我们完全可以换一种相处风格,那就是"化敌为友""变相识为知心",学着与家长做知心朋友。教师与家长有着共同的奋斗目标,都希望孩子能够顺利成长，双方站在同一奋斗战线上，自然是彼此好好相处才能成为孩子成长的助力。

知心朋友，就是可以相互说心里话、相互倾诉的人。有的教师觉得，与那么多家长做知心朋友，也不知道他们的脾气秉性，怎么可能聊得来呢？其实这里所说的知心朋友，是以对孩子的了解和处理孩子的问题为基础的，也就是说我们与家长，在大多数时间里要以孩子为主题和基础来建立友谊，然后借由友谊的建立逐渐打开心扉，成为无所不谈的知心朋友。

既然是要做知心朋友，那么教师与家长之间就要慢慢做到彼此真诚。教师一定要用平等的心态来面对家长，首先要有包容心，要理解家长为了孩子好的急切心情，尤其是面对一些"问题"孩子的家长，他们那种急切心情可能是旁人无法体会的，因此教师一定要对他们的急切予以理解。这样的家长普遍都会像竹筒倒豆子一般将自己遇到的问题、孩子的问题一股脑地说给教师听，并迫切地需要获得教师的哪怕一星半点的指点，而在教师看来，这些问题可能很烦琐，也可能很普遍，有的还应该是家长的问题，但是我们要给家长这个倾诉的机会，耐心听他们说完，不要不耐烦地打断，也不要刻意强调自己的要求。只有全心接纳家长的情绪，理解他们的心情，他们才会更愿意与教师合作。

而接下来，我们要回应给家长的话也要诚恳，除了包容他们的心声，也要将自己的想法用委婉的话语讲出来。不要着急，要面带微笑，声音从容，要用自己的表达来缓和家长急切的情绪，同时也要将自己的意图尽数表达清楚，以保证交谈能继续下去。

做知心朋友，彼此要能互相倾诉，若是能通过交心而使问题得到解决就更好了。对于家长们提到的问题，我们也要有所思考，结合孩子在学校的表现来思考。给予家长的回应也要中肯，而不能针锋相对，毕竟家长再怎么说也还是爱自己的孩子的，否则不可能会那么着急。

我们要帮着家长分析孩子的问题，告诉他们遇到同样的情况我们是怎样处理的，也可以给他们一些建议，并适当加入学校的要求与家庭的要求，让家长能意识到教育孩子是需要他们与学校配合的。在肯定家长的某些做法时，也要委婉地指出他们的问题所在，并给他们一些好的建议和意见。当然，不要期待家长能全盘接受，知心朋友应该是相互理解的。

另外，我们也要虚心一些，家长有时候也有很好的想法，如果能借鉴过来，对我们的教学工作也是大有帮助的。所以，为人不能太张扬，要能听得进家长的话。

94. 正确处理家长请客送礼这件事

每到节日，尤其是教师节、中秋节、元旦、春节这样的节日，教师们往往都会经历一场内心情理的考验，那就是要不要接受家长的请客送礼。

很多家长都会在年节时产生给教师送礼的心思，有的家长可能是因为教师照顾自己的孩子真心想表示感谢，有的家长则是借此希望教师能对自己的孩子有照顾，还有的家长则是生怕自己不这样做会导致教师改变对自己孩子的态度。不得不说，家长们在请客送礼这方面真是很在意的，而不知道是不是因世俗的浸染，很多教师也对请客送礼这些事在意起来，仿佛不接受请客、不接受礼物，就是在驳家长的面子，就会被同行嘲笑。而接受了请客送礼之后，教师有时候会不得不"违心"地去做家长们所希望的事情。时间长了，有的教师会认为这是理所当然的，对没有请客送礼的家长的孩子，他们反倒不关心了，于是这便成了一个怪圈。

比如，有一个读三年级的孩子，在班上年龄最小，又生性胆小，学习成绩也不上不下。刚开学的时候，教师对待他与对待其他学生一样，会经常在课堂上向他提问。可是一段时间之后，不管他怎么举手，教师都跟没看见他一样，再也不理会他了。孩子觉得很失落，回家告诉了妈妈。妈妈随即包了个500元的红包，到教师那里"买关注"，恳请教师多多关注孩子。就在这个红包送上去之后，教师又开始经常向他提问了。

这是很可怕的现象，当教师陷入这种利益追求时，本身的形象已经开始崩塌。事实上，很多家长即便当时笑脸请客送礼物，转过身来也可能会骂教师。当家长们内心留下的印象只是这个教师爱接受请客、收礼时，我们距成为名师和明师的目标也就越来越远了。

对待家长的这份"好意"，教师应该坚守的是良知，要能抵御诱惑，并要告诉家长，教师会对所有学生一视同仁，表现得好会肯定，表现得不好会指导。也就是说，教师一定要有最起码的尊严。

李镇西教师是这样做的。在他刚接手一个初一新生班时，他在家长会上说："我希望我们建立'君子之交淡如水'的关系。这里的'淡'是'纯净'的意思。我希望在我教你们孩子期间，你们不要给我有任何'表示'。教师节要来了，我这个提醒不是多余的。现在你们的孩子在我班上，我不接受你们的任何'感谢'。请维护我清白的名声！"

每位教师都应该维护自己清白的名声，不要被社会上这种"潜规则"污染。如果有家长请客，礼貌地拒绝就好，不要觉得盛情难却，否则有了第一次就会有后面的很多次，到时候"吃人家的嘴短"，很多事情也就不好说了。对于送礼，凡是家长们送的，或者通过孩子送过来的礼物、礼金，一定要坚决地拒绝。

李镇西教师是这样拒绝的，比如，有家长送给他一套豪华睡衣，他包装都没拆就给了孩子，告诉他"你妈妈托我的朋友在上海买的新款式，我朋友给我送来了，请你代我转交给你妈妈"；有家长送他一篮子鸡蛋，他则每天课间操都给这个家长的孩子煮一个鸡蛋吃，并告诉他"是你爸爸托我给你煮的"；有家长送他一大筐橘子，他干脆就拿到班里分给了全班学生。李教师的这些拒绝技巧我们都可以拿来借鉴，心存坚定的原则，便能不被各种利益所诱惑。

不用担心家长会觉得我们不通情理，教师的善良正直，总会换回家长的真心理解，他们也会根据自己的经历来判断出谁才是真正好的教师。所以多将心思放在教育学生上，少一些对利益的追求，我们也终将以真诚和负责的态度赢得家长们的理解、信任与发自真心的尊敬。

95. 理解家长对孩子的爱，并教他们正确爱

孩子是家长心头的宝，没有不爱孩子的家长，爱孩子是每位家长的天性、本能。家长对孩子的爱，比任何人都要强烈，这一点毋庸置疑。但是，家长对孩子的爱，却并不一定有意义。并不是每一位家长都能把握好爱的尺度，也不是每一位家长都知道应该如何正确去爱孩子，爱得不恰当时，这份爱就变成了害。

比如，曾经有很多家长帮助孩子做作业，理由是"孩子作业太多，很多都是重复的作业，不仅写了没用，也影响孩子休息，留出足够的时间来，孩子也可以多做他喜欢的事情"。但是，写作业是孩子的任务，作为学生，他如果连自己应该负责的事都做不好，还指望他能做什么呢？遇事就将责任推卸开，这怎么能行呢？坚持自己完成作业，也是对孩子耐力与毅力的一种考验。

作为教师，我们如果发现家长的这些不恰当的爱，是理应帮忙指正的。否则孩子在学校与在家中的表现就会是两种标准，并不利于他建立统一且正确的学习原则。可我们应该怎么向家长转述呢？直接说"你这样不对"吗？

当然不是了，在提醒家长之前，我们首先要做的是，理解家长对孩子的爱。每位家长都不过是在对孩子表达自己的爱，所以他们的行为出发点是不容置疑的。多站在家长的角度去考虑，用家长的思维去思考，就能理解他们所做的一切都不过是出自自我理解的"对孩子的好"罢了。家长没有错，只不过他们并没有掌握正确的教育方法，这才导致他们陷入了想当然的教育之中。教师如果想要实现良好的家校合作关系，就要在理解的基础上教家长们用正确的方式来爱孩子。

其实，就整体素质而言，新时代的家长理应比过去的家长更好沟通一些。因为新时代的家长绝大多数都是受过良好教育的，他们所接触到的教育方式、方法、理念，也要比过去的家长先进、全面得多。所以，在进行沟通的时候，教师首先就要了解家长们自己所认为的教育是怎样的，以及他们对孩子都进行了哪些教育，并由此来判断他们的问题到底出在哪里。

在与家长交流的过程中，教师要注意抓住其中的细节，肯定家长的态度，不要一味地否定。因为对于受过良好教育的家长们来说，任何批评他们不懂教育的话语都是一种讽刺，哪怕我们说得再有理，他们也会觉得我们是在挑刺。这种批评会直接导致他们在内心建起一道隔离墙，可能会引起争论，也可能会导致他们不愿意再接受我们的意见。因此，教师也要做一个好的倾听者，要留意那些我们关心的细节，以便于在后面的谈话中就这些细节来进行提醒。

不过，虽说是教家长正确地爱，但也要把握好分寸。根据家长的性格特点以及他们自己已经做到的事情，来灵活调整建议的内容。比如，有的家长其实做得还可以，就是不够细致，那么我们就可以补充一些细节，提醒他们也要多注意这些细节；有的家长有这个意识，但不知道应该怎么办，那我们就给出明确的方法或方案；有的家长则完全是错误的，我们就要诚恳地提醒他们，可以从孩子的表现、反应来让他们意识到自己的问题，然后再给出合理的建议，这样更容易被他们接受。

要注意的是，我们应该把自己在学校里对孩子做的工作也讲清楚，告诉家长经过我们的教育之后，孩子的表现是怎样的，让他们能看到孩子受教育后都发生了哪些变化。当家长看到我们这样的方法有效时，他们可能有信心接受这些建议。

当然，有的家长会比较顽固，但这并不妨碍我们表达自己的意见。一定不要与家长争吵，也不要与他们理论争辩，我们只要尽量做好自己应该做的事情就好。当家长能看到孩子的改变时，事实也许会让他们改变主意。

96. 善于发挥家访的沟通作用

一提到家访，很多学生与家长都谈之色变，很多教师想起来就头疼。对于相当一部分学生来说，家访就是噩梦，教师就是来家里告状的。每次教师家访完了，自己就得挨一顿数落，当然多数情况下都会挨一顿"竹笋炒肉"。不仅是学生，很多家长对于教师的家访也心存紧张，一听说教师要家访，家长们的第一反应通常是"我孩子在学校里又犯什么事了"，然后就会不停地逼问孩子"你到底干了啥坏事""你到底闯了什么祸""你最近是不是没好好学习"。面对家访，很多家庭如临大敌，内心忐忑，应对起来也是相当不自然。

而对于教师来说，家访就能带来好的感觉吗？多半也不是的。接受家访的家庭，要么拘谨得很，总是在不断地说孩子的问题，或者不断地在向教师求情，希望教师能为自己的孩子费心；要么就是尽量表现得好一些，给教师一个表面的好形象，以免丢脸，但却隐瞒了许多平时的表现，隐瞒了弊端，让教师无法得知学生在家中的真实表现；还有的家庭对教师的家访根本不在乎，一问三不知，态度也不好，让教师的这一次来访白白被浪费掉。

其实要做好家访不难，教师应该调整心态，要善于发挥家访在教育中的沟通作用，要让家访成为了解学生的另一个窗口，并能通过家访与家长建立起良好的家校联合教育的关系，以更好地助力孩子成长。

要让家访能发挥好作用，去家访之前，教师就应该先好好准备一下，提前想好要与家长聊些什么，可以把这些内容列出来，确定好具体的话题。自己先预演一遍见了家长之后应该怎么说，一些特别需要注意的地方也可以记录笔记、要点，也可以标注一下语气，以保证自己表达出来的内容不会让家长反感，更不会让学生听了有不愉快的感觉。

收集学生在学校的表现，最好多收集一些好的表现，不要只注意寻找学生的问题，可以把学生比较突出的几个问题列出来，但要尽量让学生好的表现比出现的问题多。因为对学生积极的评价会更能让家长安下心来，教师再提及问题的时候也就会更容易被接受。另外，也要考虑到可能遇到的困难和其他意想不到的情况，要有随机应变的准备。

确定内容之后，要和家长确定合适的时间。可以选择一些特定的时间点，比如学生取得成绩、有了进步，或者犯了错误、遇到困难的时候，在这些阶段里，可以安排一次家访。最好亲自打电话跟家长约定具体的时间，而不是通过学生通知家长，要让家长意识到教师对这次家访的重视和诚意。不要将这个时间安排得太过紧张、匆忙，要选择能让自己和家长都心平气地与家长进行交流的时间。

家访的时候，最好能保证教师、家长、学生三方都在场，这样更有利于交流，可以让学生感受到教师与家长对他的爱。而且，学生在场的话，有些问题也更容易解释清楚，而让他看到我们与家长之间的交流，也能减少他的猜疑。毕竟，很多学生对家访可是"印象不好"，所以更为公开透明的家访过程，也能让学生放心。

家访一开始，教师的态度一定要和蔼，尤其是遇到学生有问题的时候，不要直接严肃地切入主题，不给家长和学生留一点面子，更不要当面告状，没完没了地数落学生的问题，否则很容易激起家长与学生的反感。

家访时，不同于家长接送孩子时的一点点时间，教师有足够的时间来向家长描述学生在校的情况。教师要对学生有足够的尊重，尤其是对那些成绩或表现并不算好的学生。要把自己收集到的学生的良好表现一件件罗列出来，要带着夸奖和肯定的语气。一些特别好的地方不要吝啬赞扬与欣赏。用肯定学生来开始家访，这样家长也会更能体会到教师工作的细致，也会更愿意信任教师。如此一来，后期教师向家长了解情况时，家长也会更愿意实话实说，而不是想着糊弄过去。

在家访过程中，教师要向家长了解学生在家中的情况，同时也要了解一下这个家庭的情况，由此来更全面地了解学生目前的状态。同时，也要借助这样的了解，与学生在校的情况结合起来，以对学生进行全面的分析。

在提到学生的问题时，不要太过严厉，要允许学生表达自己的意见，给他机会将这些问题表述清楚。教师要公正地看待学生的问题，给家长一个更为公平合理的解释，也要站在教育的角度给出一些意见和建议。并且要告诉学生，犯了错不可怕，知错就改还是好学生，这样一来，不仅家长比较容易接受，学生也会消除恐惧心理，并增强进步的信心。

家访时间不要太久，讲清楚问题，点明建议就足够了，否则学生会产生放不开的紧张感。结束家访之前，教师最好总结一下这次谈话的内容，将与家长之间达成的共识再强调一下。另外，也可以趁此机会与家长建立长期的良好联系，经常性地与家长进行沟通，这样有助于解决一些老问题，也能在学生出现新问题时，更快速有效地予以解决。

97. 要正确、合理地处理"家长投诉"

虽然上学以后，学生就要自己独立身处校园这个陌生的环境，自己处理各种事情，但是学生在学校里的任何表现，早晚都会被家长通过各种渠道了解到。如果是好事，家长自然感到开心，但如果是不好的事情，导致学生的利益受到了损害，家长在了解情况之后，就会想要为孩子找个说法，于是，"家长投诉"也就顺理成章地出现了。

被投诉，在任何教师看来都不是什么好事，因为这代表自己的工作是不被认可的，而且被别人指出错误，也是很令人难堪的事情。所以很多教师接到投诉后，都会心生不满。

有这样一件事，开学一个多月了，有一名学生却还有一本课本没有领到，家长上门责问班主任。教师觉得，这么久了才来问自己，怎么不早点说呢？于是言语间的语气便重了一些，这就导致了家长的不满。尽管教师后来自己掏钱给学生买了一本课本，但家长却因为他的态度而将问题反映到了校长那里，结果之后的事情反倒更麻烦了。

家长的投诉虽然不一定都有道理，但肯定都有原因，所以教师不要只顾着因为被投诉而感到不满，而是要控制好自己的情绪，先冷静地分析被投诉的原因。

一般来说，家长来投诉都不会有好情绪，甚至可能是暴怒的。面对责怪，教师要先摆出低姿态，不要再用自己的恶劣态度"火上浇油"，尤其是不要在学校门口、教室门口这样的公共场合与家长争吵。先要把家长领到办公室，给他倒杯水，让他坐下好好说。这样的低姿态多少也能让家长的情绪冷静一些。当然有的家长是不愿意跟着教师走的，他可能就是想要在大庭广众之下发言。面对情绪激动的家长，教师一定要保持冷静，要学会以静制动，不轻易被家长的言行所左右，也不轻易被他的怒火所感染，要以将他带离公共场所，找一个安静的地方好好沟通为目的去行动。

对于家长的责怪，教师要认真听，将注意力放在整个事件之上，理清楚家长想要找的到底是什么理。当家长的情绪越说越激动时，教师则要尽量冷静地与之沟通。了解整个事态之后，如果真的是自己的教育行为出现了过失，一定要先赔礼道歉，不要找任何借口给自己开脱，要真诚地接受家长的批评。如果要解释，一定要讲得有道理，放低姿态，表现出抱歉的态度来。先退让一步，往往更不容易激化矛盾，而自己的让步，也多少能在情感上令家长的火气有所消减。

不过，有的时候教师也会被"误伤"，不是自己的错误，却遭到了家长的投诉。比如，有的学校顺应制度要求，为学生减负，使得学生放学后作业很少甚至没有作业，很多家长便觉得学校是在放养孩子，认为他们是不负责任，便也会去投诉。

面对这样的投诉，教师同样要保持冷静，尽量把事情解释清楚，表明自己的立场，安抚家长的情绪。要将事情有利的一面展现出来，切记任何时候都不要跟家长对着干。同时也可以给家长支支招，帮助他们解决孩子面临的问题。

总之，被投诉虽然不算是好事，但也不能完全算是一件坏事，有投诉就说明我们的工作还没有做到令家长满意。经过这一次的投诉，及时检查自己工作上的问题，对学生再细心认真一些，争取将问题减少，这也不失为一次让我们进步的好机会。

98. 倾听家长的心声，发现教育契机

学生是教师教育的接受者，他们会根据教师的教育安排来进行学习，通过接受教育来获得成长。学生享受的是教育的全过程，不过这个教育到底效果如何，对孩

子的影响又有多大，学生自己可能是描述不出来的，尤其是年龄小的孩子，他们没法用更确切、精准的话语来描述自己对接受教育的感受。

不过，学生们的表现却都会被家长看在眼里，家长最能明确判断孩子在接受教育之后的表现是进步了还是退步了。如果孩子进步了，家长给教师的反馈就是开心的，这就会让教师明白，自己这样的工作是有效的，我们就可以继续保持现状；但如果孩子退步了，那么家长的反馈就会带着担忧与疑惑，这便能促使我们检查自己之前的教育工作，查漏补缺，从而完善工作。可见，家长的心声是促使我们发现更多教育契机的一个重要因素。

但是教师与家长们都各自拥有忙碌的工作，想要经常性碰面来互相了解工作情况几乎是不可能的，不过我们也还有更多其他的办法来倾听家长的心声。

教师应该与家长建立长期的沟通关系，除了面对面交流，我们还可以灵活地使用各种交流软件——短信、电话、电子邮件、QQ、微信、微博，这些交流软件都能帮我们构建起与家长沟通的桥梁。教师要鼓励家长们畅所欲言，多提问题，在交流中发现问题。

对于家长反映的问题，教师一定要在学生中间进行核实，通过仔细观察与调查走访来确定问题的真实性，然后再根据问题的严重程度来制订更合适的教育计划。同时也要与家长进行协作，将我们的安排告诉家长，提醒他们在家中也要加强对孩子的教育，保证家校互动合作，以此产生好的教育效果。

当然了，家长的心声有时候是对教育的呼唤，有时候却可能只是对教育产生的误解，教师除了要分清家长产生这样心声的原因，也要趁此机会帮助家长建立正确的教育观。

通过家长反映自己的心声，教师也应该意识到这不仅仅是一个教育学生的契机，也是进行自我教育的一个契机。家长们的心声虽然反映的是学生的一些表现，但是透过学生的表现，我们就要回头反省自己的表现，看看自己哪里没做到、没注意。尤其是那些很多家长都反映的问题，我们就更要多注意了，不要放过每一个可以让自己进步的机会，这样我们才能越来越向明师靠近。如果遇到不好解决的问题，还可以与其他教师进行商量，若是大家都遇到过同样的问题，这也不失为一次进行内部教育小改革的契机。

总之，不要忽略家长们的心声，他们的建议、意见、要求可能不中听，可能也有些想当然，但是我们要善于从中发现可以挖掘的教育内容。要真正地将这些心声重视起来，这代表了家长们对教师的期望与信任，一定不要辜负这份信任。

99. 不要跟"难缠"的家长对着干

一位新参加工作的教师感觉自己受了委屈，老教师问她原因，她说是有位家长打电话冲她发了一顿火，告诉她自己因为没有收到家长会通知而错过了家长会。新教师委屈地说："我真的给所有家长都发了通知，而且也让学生通知了，可是她却不依不饶，非说自己不知道。只说让我给个说法，问我是不是对她有偏见，真是太难缠了。"

老教师决定帮忙，告诉新教师："你可以换一个角度来看，你看这位家长因为注重对孩子的教育，所以才会对没能参加家长会而生气，可见她是十分想来参加的，这是件好事。"

接着，按照老教师的指导，新教师去给那位家长回了电话，电话中她说道："我很理解您因为没有收到通知而错过家长会的愤怒情绪，您如此关心孩子的教育，如果我能有机会和您见一面，那我会很感动的。我想您作为一个母亲，真的很棒！我希望能尽快和您见一面，您看您什么时候方便呢？"

5分钟后，新教师开心地告诉老教师，那位家长不再生气了，而是愿意选一个时间来与她面对面地谈一谈。更重要的是，这一次家长的语气舒缓了许多。

虽然不一定所有家长都这么"难缠"，但是遇到那么一两个也的确会影响人的情绪，这时考验的是教师的灵活应变能力。显然与"难缠"的家长纠缠下去不是理智的做法，绕来绕去，扰乱的不只是心情，也有接下来的工作。所以，不要与"难缠"的家长对着干，否则就好像绳结死扣，越是使劲就越解不开，反倒是如果顺着这死扣的纹理去找解扣的方法，没准儿几下就能找到解扣的关键点。

和每一位家长接触时，多想想他们也不过是为了孩子好，哪怕难缠，也不过是因为他们心情急切了一些而已。教师应该避免与家长反向使力，而是要动用智慧来顺从他们的需求。对于纠缠不清的家长，倒不如先给他们发泄的机会，让他们先表达清楚自己的意愿，我们先做一个倾听者，然后再想办法解决问题。这也就要求我们在"难缠"的家长面前要先退让一步，不要在家长情绪激动的时候争论谁是谁非，让他们说一说自己的想法也不是什么坏事。我们只要不"应战"，战斗也就不会开始。

家长们的需求无非就是希望孩子好，所以我们也要让他们意识到我们的确是会对学生负责任，要让他们相信我们是真心关心孩子的。当我们很冷静地控制好了自己的反应与情绪时，家长们多半也会受到这份冷静的传染，也就不再那么剑拔弩张了。我们一定要学会冷静地分析问题，说话要讲道理，也要有事实依据，对孩子也要中正处理，优点一定要说出来，缺点也要点一点，要让家长意识到"这个教师是专业的"，这样他们才会更信服。

劝说这类家长也要讲求技巧，可以把孩子也一起叫来。家长之所以会纠缠不休，都是因为孩子的问题，如果孩子在场的话，不仅能获得事实真相，家长多少也会顾及孩子而有所收敛。有时候也可以把其他家长的好经验分享给难缠的家长，有了真实的榜样在前，家长也就能相信这并不是教师顺口胡说了，尤其是有些家长颇有权威、颇有能力，他们的话甚至是他们现身说法，都能起到作用。

当然了，有些家长纠缠起来可能会变成"无理取闹"，这时最考验教师的忍耐力。一定不要硬碰硬，但也不要违背自己的基本原则，耐心地尝试沟通交流是最重要的，而在此时，我们也要注意保护好自己，以免受到不必要的伤害。比如有些家长仗着自己有理、有权、有钱，便想要对教师实施压迫，教师也完全可以走司法程序来保障自己的人身权益。

100. 务必要跳出与家长互相指责的怪圈

请设想一个场景：孩子在校成绩很差，教师忍无可忍叫来了家长。但是，来言去语之间，场面很快就失控了。

"我把孩子送到你们学校，你这教师就给我教成这样？考试总也不及格，我看你这教师也不及格吧！"家长们可能会这样说。

"你们家长自己在家没有教育好，从根儿上他就不是什么好料子，反倒怨起我们学校和教师？真是个笑话！"教师们可能会这样回答。

而接下来，类似这样的争吵可能会一直延续下去。

家长与教师之间，互相指责，说的都有错吗？似乎都没有说错。可是这样的指责有用吗？当然也没有。在盛怒之下的指责，哪怕说得再正确，对方也会因为恼羞成怒而拒绝接受。同时，双方也会因为不能咽下这口气而想方设法地找到对方的漏洞予以回击。不得不说，这是最不明智的一种交流方式。

但是，从出发点来看，教师因为学生的成绩而着急，家长因为孩子的现状而上火，这倒是也存在"利益一致"的情况。既然如此，我们又何必非得陷入这个相互指责的怪圈之中呢？完全有更好的方法来解决这样的问题。

事实上，当我们开始指责他人的时候，往往就意味着我们自己对眼下做的事情是没有全身心投入的。如果我们专心致志地去做好自己的工作，是绝对没有时间去寻找他人身上的不是的。所以，要跳出这个怪圈，对于教师来说，首先就要注意从我做起。

孔子的学生、宗圣曾子的建议是"吾日三省吾身"。苏联人的建议是"莫笑别人背驼，自己把腰挺直"。德国人的建议是"不会评价自己，就不会评价别人"。所以不要把太多的注意力放在家长的问题上，而是要多看看自己。对于家长的指责，教师要调整心态，不要一听见别人说自己不好就先跳脚，倒不如用"嗯，您说的问题，我可能有，我要好好考虑一下"这样的话去应对，放低自己的姿态，更谦虚一些，争吵自然也就不会继续下去了。

当双方都平静下来的时候，我们再去委婉地表达自己原本想要说的内容，其中不要带出一点对对方的指责，可以给出建议，但不要批评对方做得不好、不对。绕开这些敏感的雷区，只提供有效的建议，相信家长也能明白我们的一片苦心。

同时，我们也要善待那些指责我们的家长，要有胸怀、有风度，既然家长因为着急而有情绪，那我们在语言上的安抚有时候也是不起效果的，倒不如付诸实际行动，真正教育好每一个学生，耐心为他们传道授业解惑，尽力挖掘每一个孩子身上的潜能，让他们都开始发光发亮。在孩子的问题得到解决之后，家长自然也会偃旗息鼓，压根儿就用不着我们去据理力争。还要注意的是，不要因为家长的态度而对学生有偏见，把学生教育好是教师的责任，这份责任不应该因为任何理由而变质。

当然了，有些家长可能言辞激烈，这的确让人觉得有些委屈，教师要尽量学会"忍一时风平浪静"。接下来，就要努力提升自己的综合素养，在我们有足够的能力去施展自己的教育方法，且能取得良好的效果之后，这种指责甚至是谩骂自然会烟消云散，因为事实永远胜于雄辩。祝福教师，祝福家长，祝福学生！